Le Japon de Laure Kié

MOCHI

DAIFUKU, DORAYAKI
ET AUTRES PÂTISSERIES
JAPONAISES

Textes et recettes : Laure Kié
Illustrations : Haruna Kishi
Photos des recettes : Patrice Hauser

MANGO
éditions

SOMMAIRE

ラムネ
氷

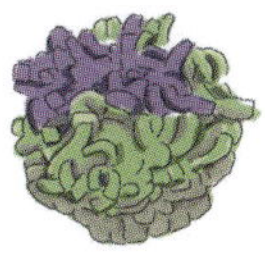

Café

抹茶

LE JAPON DE LAURE KIÉ

Lorsque j'ai quitté le Japon dans mon enfance, il m'est resté pendant longtemps des souvenirs indescriptibles, un mélange de sensations que je ne retrouvais nulle part ailleurs ; et ils étaient, pour la plupart, liés de près ou de loin à la cuisine. La vie au Japon est très rythmée par les quatre saisons, et ce lien à la nature se retrouve dans l'alimentation. Le mochi grillé en hiver après un bon bain chaud dans les sources naturelles, le « bento » sous les cerisiers en fleur au printemps, les rafraîchissantes glaces pillées kakigori dans la chaleur humide de l'été, les chataîgnes grillées qui parfument les ruelles en automne. Autant de plats qui évoquent pour moi des moments particuliers au Japon. Depuis quelques années, je m'efforce de retranscrire ces souvenirs dans mes livres de cuisine. Cette collection est l'aboutissement de ce travail. Elle est née de l'envie de vous faire vivre ces expériences gourmandes et d'apporter un peu du Japon de mon enfance dans votre quotidien. J'espère que vous vous régalerez autant que moi de toutes ces saveurs nipponnes !

Laure Kié

Laure Kié est autrice de livres de cuisine japonaise. Elle est née à Tokyo d'une mère japonaise et d'un père français. Ses nombreux séjours au Japon lui ont permis de s'initier à la richesse de la culture culinaire japonaise, qu'elle transmet dans ses ouvrages et ses cours de cuisine.

Haruna Kishi est autrice, réalisatrice et illustratrice japonaise. Elle écrit aussi des séries animées (*Miru Miru*). Elle a réalisé toutes les illustrations de cet ouvrage.

Carte des spécialités régionales

Tartelette Hokkaido
Sapporo
hokkaido
azuki
Sasa dango
Tohoku
Zunda mochi
Niigata
Yaki manju
Tochigi
fraises
gunma
Kanto
Shizuoka
Tokyo
Sakura mochi
Dorayaki
thé

だんご
清水屋

WAGASHI

和菓子

Les pâtisseries traditionnelles, les wagashi, tels de véritables bijoux présentés dans leur écrin, reflètent l'esthétisme à la japonaise tout en étant proches de la nature. En effet, elles suivent bien souvent le rythme des saisons, avec des évocations fortes à la flore nippone à travers les couleurs, les textures ou les formes. Pour apprécier toute la subtilité de ces douceurs, il est recommandé de les accompagner de thé vert, et plus particulièrement de matcha, cette poudre de thé utilisée lors de la cérémonie du thé.

INGRÉDIENTS 材料

Les ingrédients des pâtisseries japonaises et françaises diffèrent énormément, notamment en raison de l'utilisation des légumineuses. En effet, au Japon, le haricot azuki est à la base de la plupart des pâtisseries traditionnelles. Outre les farines spécifiques dont vous trouverez la description page 17, vous aurez besoin d'assez peu d'ingrédients pour vous lancer dans la réalisation de pâtisseries nippones. Voici un petit tour d'horizon des ingrédients utilisés dans les recettes de ce livre.

AZUKI

C'est la légumineuse la plus consommée au Japon après le soja. Ce petit haricot rouge est surtout présent dans les pâtisseries traditionnelles sous forme de purée.

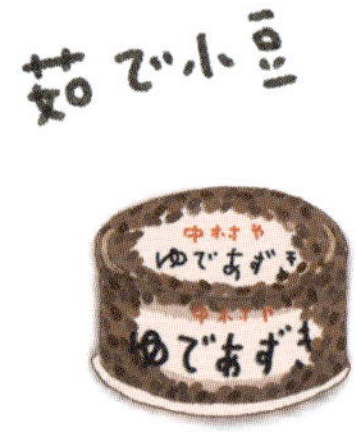

YUDE AZUKI

Ces haricots azuki présentés en conserve sont cuits, ce qui peut s'avérer pratique vu le long temps de cuisson de ces légumineuses. Déjà sucrés, ils peuvent s'utiliser tels quels pour accompagner une glace au matcha, par exemple ; ou en purée pour garnir les wagashi.

ANKO 粒あん

Cette purée sucrée de haricots azuki, que l'on peut comparer à la crème de marrons, est à la base d'un grand nombre de pâtisseries traditionnelles. Elle existe en version lisse (koshi-an) ou avec des morceaux (tsubu-an), voir recette p. 22.

HARICOTS BLANCS

Ils servent à réaliser le shiro-an (voir ci-dessous). Vous les trouverez secs dans les épiceries bio ou les épiceries fines. Optez pour des haricots blancs déjà cuits si vous souhaitez gagner du temps pour la préparation de la purée shiro-an.

SHIRO-AN

Cette purée de haricots azuki blancs sert de base pour la réalisation du wagashi (et notamment du nerikiri, voir p. 52). Sa saveur délicate et sa texture claire permettent de l'associer à des ingrédients comme le matcha, le sésame noir ou encore le yuzu, dont elle prendra plus facilement les couleurs.

FEUILLES DE CERISIER

Ces feuilles saumurées sont utilisées pour réaliser les sakura mochi (voir recette p. 40). Vous les trouverez dans les épiceries japonaises ou sur Internet, mais vous pouvez également les faire vous-même (voir recette p. 42).

Purée de sésame

Utilisée aussi bien en version salée que sucrée, la purée de sésame peut entrer dans la composition des wagashi. Elle apporte non seulement de l'onctuosité aux préparations, mais également beaucoup de saveur.

Sésame noir

Dans la cuisine japonaise, on retrouve le sésame blanc, blond ou noir. Que ce soit en graines ou en purée, le sésame noir, par sa couleur et son goût plus prononcés, est particulièrement utilisé en pâtisserie.

Jus de yuzu

Si ce citron japonais est difficile à trouver frais, vous pourrez facilement vous procurer son jus ou son zeste en poudre dans les épiceries japonaises (voir adresses p. 140).

Matcha

Le matcha est un thé vert en poudre utilisé pour la cérémonie du thé au Japon (voir p. 132). Il est également devenu un incontournable de la pâtisserie japonaise. C'est pourquoi tout un chapitre de ce livre y est consacré (voir p. 74) !

Les fruits japonais

Yuzu

Ce citron japonais est largement présent dans les friandises japonaises, mais est également fortement plébiscité par les pâtissiers français. En effet, sa saveur à la fois acide et sucrée est un subtil mélange de citron et de clémentine.

Nashi

Poire japonaise juteuse mais croquante.

Kaki

Ce fruit orange se déguste aussi bien cru que séché.

Kumquat

Appelé « kinkan » au Japon, ce petit agrume se déguste entièrement. Sa chair est acidulée mais son zeste est plutôt doux et sucré.

Budô

Le raisin japonais de couleur violet foncé est plus gros et a un goût bien différent de celui que nous connaissons en France. Au Japon, on ne mange ni la peau ni les pépins de grains de raisin.

Mikan

La mandarine est devenue le fruit le plus consommé au Japon. Cette variété japonaise produite dans le sud du pays s'épluche très facilement.

Kuzu
Kinako : farine
de soja toasté
Agar-agar
Riz gluant
Fécule
de pomme
de terre
Kinako
Tapioca
Farine
de riz
Farine
de tapioca
Farine
de riz gluant
classique
Farine
de riz gluant
Shiratamako
Farine
de warabiko

LES FARINES ET AIDES CULINAIRES 粉

Farine de riz

Tout comme pour la farine de blé, il existe différents taux de raffinage des grains de riz pour donner de la farine de riz allant de la blanche à la complète. La farine de riz entre dans la composition de quelques recettes (voir dango p. 46) et peut remplacer la farine de blé pour une version sans gluten. Mais c'est surtout la farine de riz gluant (voir ci-dessous) qui est utilisée au Japon.

Farine de riz gluant

C'est la farine indispensable pour la réalisation de la plupart des recettes de ce livre, notamment les mochi qui servent à faire les fameux daifuku (voir p. 30).

On trouve la farine de riz gluant sous différentes formes et appellations mais les deux plus courantes sont :

- le shiratamako (en épicerie japonaise), dont la texture grumeleuse se dissout facilement dans l'eau et donne un résultat très soyeux ;
- le mochiko (ou farine de riz gluant classique) présentée en forme de poudre et plus facile à trouver dans toutes les épiceries asiatiques.

Fécule de pomme de terre

La fécule est constituée exclusivement d'amidon, ce qui lui donne son pouvoir de liant. Elle est également utilisée en association avec de la farine pour alléger les préparations et leur donner plus de moelleux.

Au Japon, on l'utilise principalement pour éviter aux mochi de coller (voir p. 29).

On peut remplacer la fécule de pomme de terre par la fécule de maïs.

Kuzu

Le kuzu est une plante sauvage dont on utilise les racines pour obtenir une fécule qui sert de liant pour des sauces ou des crèmes. Cette fécule donne une texture entre la gélatine et la crème qui est très agréable en bouche. Elle sert notamment à réaliser les kuzu manju (voir recette p. 66).

Warabiko

Le warabiko est une fécule de fougère permettant de réaliser un dessert à la texture étonnante : le warabimochi (voir recette p. 70). Comme il est difficile d'en trouver, vous pouvez le remplacer par de la farine de tapioca ou de la fécule de patate douce.

Kinako

Obtenue à partir de graines de soja torréfié, cette farine est fréquemment utilisée dans les pâtisseries au Japon, notamment dans les warabimochi (voir p. 70), mais vous pouvez également l'utiliser à la place de la fécule de pomme de terre pour enrober les daifuku et leur donner une belle saveur grillée.

Agar-agar

Ce gélifiant remplaçant la gélatine animale provient d'une algue rouge. Son utilisation très répandue au Japon est détaillée dans ce livre à la page 62.

LES USTENSILES 調理道具

Tamiseur à farine
Moule
à fond amovible
Petit rouleau à pâtisserie
Piques
Chashaku : cuillère à matcha
Fouet en bambou
Chasen : fouet à matcha
Plaque à pâtisserie

EMBALLAGE ET FUROSHIKI 風呂敷

Le furoshiki est un tissu carré avec lequel on réalise un pliage esthétique afin d'emballer différents objets à transporter ou à offrir. À l'origine, il servait à transporter ses vêtements au bain (furo). Il fut ensuite utilisé dans de nombreuses occasions de la vie quotidienne : pour emballer joliment un cadeau, transporter ses pique-niques ou ses kimonos.

Au Japon, le contenant est aussi important que le contenu. Les pâtisseries sont généralement emballées dans de jolis paquets, qui sont un vrai plaisir pour les yeux. Vous pouvez facilement fabriquer vos propres emballages en recyclant des boîtes ; on peut même imaginer customiser une boîte à œufs ! Rien de tel que d'offrir des wagashi (voir p. 54) dans une belle boîte faite à la main !

Le matériel : une petite boîte en carton, du papier japonais, un joli fil, des ciseaux, une pique ou des cure-dents pour la dégustation.

1. Recouvrez le couvercle de la boîte d'un papier japonais (type papier pour origamis, par exemple).

2. Customisez avec un autre papier (uni si le papier du dessous a déjà un motif) pour créer des formes ou des bandes.

3. Fermez la boîte en l'entourant de fil. Glissez la pique sous le fil. C'est prêt !

POUR UNE BOÎTE RECTANGULAIRE

1 Déposez la boîte au centre du furoshiki et rabattez un des coins afin de la recouvrir.

2 Rabattez le coin opposé.

3 Saisissez les 2 coins restants.

4 Puis faites un double nœud.

Magasin de furoshiki, Sousou, à Kyoto. www.sousou.co.jp

ANKO 餡子

La pâte anko est la pâte de haricots azuki qui sert de base à de très nombreuses pâtisseries japonaises. Si vous pouvez la trouver toute prête dans les épiceries japonaises, elle peut également se préparer à la maison. Il suffit, pour cela, de bien s'organiser ! Il existe deux variétés de pâte anko : le tsubu-an, pour lequel les haricots azuki cuits sont à peine écrasés, et le koshi-an, pour lequel les haricots sont passés au tamis ou au moulin à légumes pour être réduits en purée.

Recette レシピ

ANKO, LA PÂTE DE HARICOTS AZUKI

POUR 1 KG DE PÂTE ANKO

Trempage : 12 heures
Préparation : 20 minutes
Cuisson : 2 h 10

- 500 g de haricots azuki secs (en magasins bio ou en épiceries asiatiques)
- 360 g de sucre semoule

Azuki

Le haricot azuki est particulièrement digeste et est réputé pour ses vertus pour la santé : il est riche en protéines, en fibres, et contient de nombreuses vitamines.

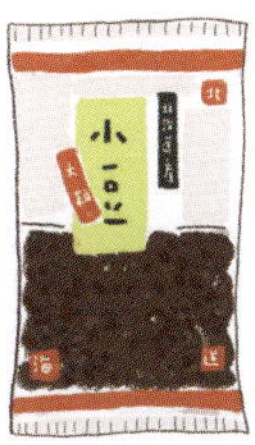

Faites tremper les haricots dans un grand volume d'eau froide pendant au moins 12 heures.

Égouttez, rincez et déposez les haricots dans une casserole. Couvrez d'eau. Portez à ébullition, puis égouttez. Déposez à nouveau les haricots dans la casserole et couvrez avec au moins 2 fois leur volume d'eau. Portez à ébullition et poursuivez la cuisson pendant 1 h 30 à 2 heures en veillant bien à remettre de l'eau si nécessaire. Les haricots sont cuits lorsqu'ils peuvent s'écraser facilement entre les doigts. Égouttez.

Pour le tsubu-an

Dans une casserole à fond épais, mélangez les haricots cuits et le sucre. Faites cuire pendant 10 minutes en remuant sans cesse.

Pour le koshi-an

Passez les haricots cuits au moulin à légumes (ou à travers un tamis rigide), par « fournées ».

Déposez la purée obtenue dans une casserole à fond épais. Ajoutez le sucre. Faites cuire en remuant sans cesse pendant environ 10 minutes ; vous obtiendrez une purée proche de la crème de marrons.

L'ASTUCE DE LAURE KIÉ

Pour aller plus vite, vous pouvez mixer les haricots cuits au lieu de les passer au moulin à légumes ; toutefois, la purée obtenue sera moins lisse.

ANKO, LES VARIANTES 餡子

Il existe, dans la pâtisserie japonaise, des variantes de la pâte anko : le shiro-an, à base de haricots blancs (« shiro » signifiant « blanc ») et le mame-an, à base de fèves. Cela permet d'avoir un joli panel de couleurs pour varier vos wagashi !

SHIRO-AN

POUR 1 KG DE SHIRO-AN

Trempage : 12 heures
Préparation : 20 minutes
Cuisson : 2 h 10

- 500 g de haricots blancs secs
- 360 g de sucre semoule

Faites tremper les haricots dans un grand volume d'eau pendant au moins 12 heures.

Égouttez, rincez et déposez les haricots dans une casserole. Couvrez avec au moins 3 fois leur volume d'eau. Portez à ébullition. Écumez et poursuivez la cuisson pendant 2 heures.

Égouttez. Retirez grossièrement la peau des haricots, puis passez-les au moulin à légumes. Déposez la pâte obtenue dans une casserole à fond épais. Ajoutez le sucre. Faites cuire en remuant sans cesse pendant 8 à 10 minutes. Laissez refroidir.

MAME-AN

POUR 350 G DE MAME-AN

Préparation : 15 minutes
Cuisson : 15 minutes

- 250 g de fèves écossées (surgelées)
- 150 g de sucre semoule

Faites cuire les fèves dans une casserole d'eau bouillante pendant 15 minutes.

Égouttez-les, puis passez-les au moulin à légumes. Déposez la pâte obtenue dans une casserole à fond épais. Ajoutez le sucre. Faites cuire en remuant sans cesse pendant 8 à 10 minutes. Laissez refroidir.

URAGOSHI

Cette passoire traditionnelle en bois permet d'obtenir des purées à la texture très lisse. Les légumineuses ou autres ingrédients cuits (châtaigne, potimarron...) sont passés à travers un tamis fin réalisé en nylon ou crin de cheval, à l'aide d'une spatule plate en bois qui sert également à servir le riz.

LE CONSEIL DE LAURE KIÉ

Les différents anko se congèlent bien, n'hésitez pas à en faire en plus grande quantité.

Recette
レシピ

LE MOCHI 餅

Constitué de riz, le mochi est lié aux esprits des divinités. Il se mange traditionnellement lors de fêtes et on le fabrique généralement en groupe pour ces occasions. Le Jour de l'an, par exemple, les Japonais se retrouvent souvent dans leur quartier pour piler le riz gluant (mochi-gomé), cuit à la vapeur au préalable, dans un énorme mortier. La pâte élastique ainsi obtenue permet ensuite de fabriquer les mochi, sucrés ou salés.

Version sucrée

La forme la plus connue est le daifuku, qui accompagne souvent le thé matcha. C'est une enveloppe de riz gluant avec, au centre, une pâte de haricots rouges ou blancs sucrés. Parmi les autres mochi populaires, on peut citer le dango (boulettes présentées en brochettes) ou le sakura mochi (boule de mochi de couleur rose entourée d'une feuille de cerisier salée).

Daifuku

Mochi fourré à la purée de haricots rouges.

Dango

Boulettes de mochi sucrées (voir p. 46).

Sakura mochi

Mochi fourré de purée d'anko et entouré d'une feuille de cerisier (voir p. 40).

Version salée

Le mochi fraîchement « tapé » peut se déguster tel quel dans une soupe, mais il est souvent consommé en isobé-maki, c'est-à-dire grillé et enroulé d'une feuille de nori puis tout simplement assaisonné de sauce soja.

Isobé-maki

Mochi grillé au soja.

Ozoni

Soupe du Nouvel An.

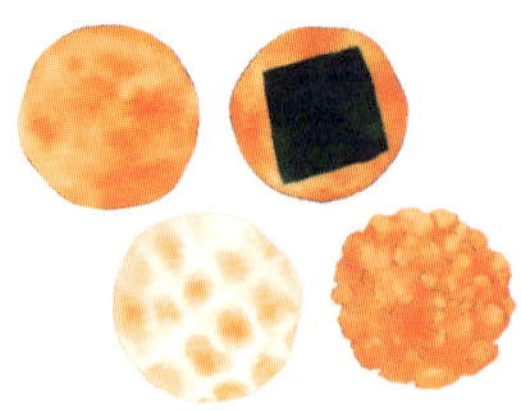

Senbeï

Mochi soufflé au feu de bois.

LES RECETTES

LA RECETTE TRADITIONNELLE

POUR 1 KG DE MOCHI

Préparation : 10 minutes
Cuisson : 45 minutes
Repos : 1 nuit

- 600 g de riz gluant

Rincez le riz gluant dans plusieurs eaux jusqu'à ce que l'eau soit limpide. Placez-le dans un saladier, recouvrez d'eau et laissez tremper le riz toute la nuit.

Le lendemain, égouttez le riz et déposez-le dans le panier d'un cuit-vapeur recouvert de tissu. Enveloppez le riz dans le tissu. Couvrez et faites cuire à la vapeur pendant 45 minutes.

Versez un peu d'eau chaude dans un mortier (afin d'éviter au riz de coller), puis jetez l'eau avant de débarrasser le riz cuit dans le mortier. Pilez le riz jusqu'à former une pâte élastique.

LA RECETTE EXPRESS

POUR 250 G DE MOCHI

Préparation : 15 minutes
Cuisson : 15 minutes

- 100 g de farine de riz gluant
- 50 g de sucre
- Fécule de pomme de terre

Dans un bol, mélangez la farine de riz gluant, le sucre et 10 cl d'eau.

Faites chauffer de l'eau dans un cuit-vapeur. Disposez le bol dans le panier-vapeur, couvrez et faites cuire pendant 15 minutes.

Tamisez la fécule sur un plan de travail et déposez la pâte cuite dessus en vous aidant d'une spatule en silicone. Recouvrez de fécule car elle est très collante ; n'hésitez pas à en mettre beaucoup ! Divisez ensuite la pâte selon votre utilisation.

MOCHI DAIFUKU 大福

Le daifuku est l'une des pâtisseries les plus appréciées de la cuisine japonaise.
Il est composé d'une enveloppe de riz gluant (mochi) fourrée à la pâte de haricots rouges (anko).
C'est une friandise qui est finalement très facile à réaliser chez soi.

大福

Les kanji (caractères) qui compo-sent le mot « dai-fuku » signifient « grande chance » ou « grande fortune ». C'est sans doute pour cette raison qu'il est particulièrement confectionné pendant la période du Nouvel An.

Dango

Également à base de mochi, les dango sont des boulettes présentées en brochette. Elles peuvent être servies avec du tsubu-an, la pâte de haricots azuki, ou tin-tées de rose et de vert pour donner de jolies brochettes tricolores !

LA FAMILLE DES DAIFUKU

Daifuku à l'anko

C'est la variété la plus classique.

Matcha daifuku

Une demi-cuillerée à soupe de matcha est incorporée dans la pâte de mochi.

Daifuku à la fraise

Une fraise entière est glissée dans la boulette d'anko blanc (shiro-an).

Mochi cream

La boule d'anko est remplacée par une boule de glace (glace au matcha, à la fraise, au sésame noir...).

DAIFUKU MOCHI À L'ANKO

POUR 8 DAIFUKU

Préparation : 25 minutes
Cuisson : 10 à 15 minutes

- 250 g de pâte à mochi encore bien chaude (voir p. 29)
- 200 g de pâte de haricots azuki (anko)
- Fécule de pomme de terre (ou de maïs)

Divisez la pâte de haricots en 8 parts et formez 8 boules.

Réservez-les au réfrigérateur.

Découpez la pâte à mochi encore bien chaude en 8.

Saupoudrez vos mains de fécule et prenez une part de pâte à mochi. Étalez-la dans le creux de votre main.

Déposez une boule d'anko, recouvrez-la de pâte et fermez le daifuku.

Procédez de même pour les 7 autres daifuku.

Variante au matcha

Incorporez 1 cuillerée à café de matcha en poudre dans la farine de riz gluant avant la cuisson de la pâte.

DAIFUKU À LA FRAISE いちご大福

Ces moelleuses petites bouchées dévoilent un joli contraste entre la fraîcheur colorée de la fraise et le blanc tout en douceur du shiro-an. Un dessert totalement craquant !

POUR 8 DAIFUKU

Préparation : 20 minutes
Cuisson : 15 minutes

- 8 fraises
- 80 g de pâte de haricots blancs shiro-an (voir p. 24)

POUR LE MOCHI :

- 100 g de farine de riz gluant
- Fécule de pomme de terre (ou de maïs)
- 50 g de sucre semoule

Équeutez les fraises.

Divisez le shiro-an en 8 portions et formez 8 boules.

Étalez une boule dans votre main. Déposez une fraise au centre et enveloppez-la de shiro-an. Procédez de même avec les 7 boules restantes. Réservez au réfrigérateur.

Réalisez le mochi en suivant les indications page 29.

Confectionnez les daifuku aux fraises en procédant de la même façon que pour les daifuku classiques (p. 31), mais en remplaçant les boules de pâte anko par les fraises au shiro-an.

L'ASTUCE DE LAURE KIÉ

Vous pouvez réaliser des daifuku avec de nombreux fruits, selon la saison : kiwi, melon, mangue, kaki, etc.

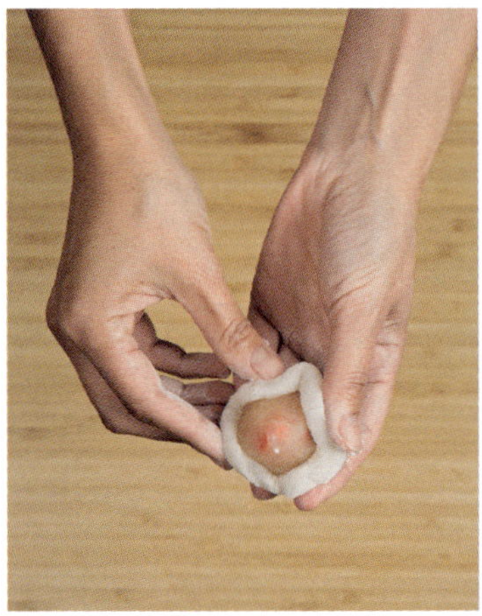

LES MOCHI DE MATHILDA

マティルダの餅

Bergamote, verveine, rose, pistache..., tous ces parfums se déclinent dans les mochi de Mathilda ; car au lieu de rester dans les classiques japonais, elle a eu la bonne idée de surprendre nos papilles en twistant les traditionnels mochi daifuku avec des saveurs tout en délicatesse.

L'IMPÉRATRICE DES MOCHI

C'est lors d'un séjour au Japon que Mathilda Motte tombe sous le charme des daifuku, cette pâtisserie traditionnelle faite de pâte de riz gluant fourrée d'une purée sucrée d'azuki (un petit haricot rouge). Une texture souple qui n'est pas, au premier abord, dans les habitudes des Français en matière de pâtisserie. Mais Mathilda a misé sur la qualité pour proposer ces délicieuses douceurs, façonnées à la main dans ses ateliers en Touraine et déclinées dans divers parfums, façon macarons. Et je peux vous assurer que ces petits bijoux moelleux et poudrés, présentés dans un écrin blanc, ont fait de très nombreux adeptes !

Le parfum préféré de Mathilda

« Le matcha nous a donné beaucoup de fil à retordre car ce n'est pas simple de doser l'amertume. Mais celui peut-être qui serait le plus emblématique de notre maison est l'amande, il résume bien notre philosophie à mi-chemin entre France et Japon. C'est d'ailleurs celui que je recommande souvent à ceux qui découvrent le mochi. »

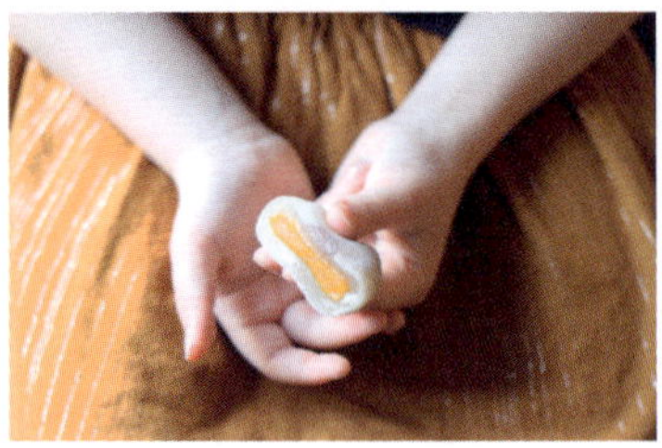

LES ADRESSES

La Maison du mochi, créée par Mathilda, est le temple du mochi où ces douceurs sont déclinées dans de multiples parfums. Il existe 3 adresses à Paris :

- 39, rue du Cherche-Midi, Paris 6e ;
- 120, rue de Turenne, Paris 3e ;
- 30, rue Legendre, Paris 17e.

Et pour ceux qui ne vivent pas à Paris, vous pouvez vous faire livrer leurs mochi dans de jolis coffrets en commandant en ligne : www.maisondumochi.fr.

Recette
レシピ

LA RECETTE DE MATHILDA : LE DAIFUKU MOCHI À LA NOISETTE

POUR 8 MOCHI DAIFUKU

Préparation : 20 minutes
Cuisson : 20 à 25 minutes

PÂTE À MOCHI :

- 80 g de shiratamako ou de farine de riz gluant
- 70 g de sucre
- 140 ml d'eau
- Fécule de maïs

PÂTE DE NOISETTES :

- 120 g de poudre de noisette
- 80 g de sucre glace
- 40 g de purée de noisettes torréfiées
- 40 ml d'eau

L'ASTUCE DE MATHILDA

Pour réussir un mochi, il faut absolument maîtriser la cuisson de la pâte. Je me fie à sa couleur : la pâte doit être légèrement jaune, et translucide. Si elle est blanche et opaque, c'est qu'elle n'est pas assez cuite. Et s'il faut choisir, mieux vaut une pâte un peu trop cuite que pas assez !

Préparez la pâte de noisettes : mélangez les ingrédients en finissant par l'eau pour obtenir une pâte de consistance crémeuse mais pas trop liquide. Si l'ensemble est trop pâteux, ajoutez progressivement de l'eau, cuillerée à café par cuillerée à café, en mélangeant bien entre chaque ajout.

À l'aide de vos mains légèrement humidifiées ou de 2 cuillères, divisez la pâte de noisettes en 8 boules.

Préparez la pâte à mochi à la vapeur : allumez le cuit-vapeur. Versez la farine de riz et le sucre dans un bol en verre, inox ou porcelaine et mélangez. Ajoutez l'eau et fouettez pour amalgamer les ingrédients. Filmez le plat.

Lorsque la vapeur est bien abondante, déposez le plat dans le panier vapeur et faites cuire 20 minutes (pour un plat en inox) ou 25 minutes (pour les plats en verre ou porcelaine).

Retirez le plat du panier, ramassez bien la pâte à l'aide d'une corne pâtissière (ou d'une maryse) et versez sur une assiette saupoudrée de fécule. Saupoudrez la pâte à mochi de fécule. Laissez refroidir 5 minutes, puis divisez en 8 morceaux à l'aide de ciseaux en veillant bien à tamponner de fécule les parties fraîchement coupées.

Façonnez des mochi : avec les mains enduites de fécule, saisissez un morceau de pâte à mochi, aplatissez-le au creux de la paume en un disque et déposez au centre une noix parfumée.

Refermez le daifuku en pinçant les bords opposés pour les sceller entre eux. Roulez dans vos mains pour lui donner une jolie forme ronde.

Dégustez vos mochi à température ambiante. Pour les conserver, il est préférable de les envelopper d'un tissu ou de film alimentaire afin qu'ils ne s'assèchent pas.

MOCHI AU KUMQUAT 金柑餅

Plus simples à réaliser que les daifuku, ces mochi peuvent se décliner de bon nombre de parfums. Il suffit pour cela d'incorporer dans la purée de haricots blancs (shiro-an) le jus ou la pulpe de votre choix. Misez sur la couleur !

POUR 8 MOCHI

Préparation : 25 minutes
Cuisson : 15 minutes

- 200 g de purée de haricots blancs (voir p. 24)
- 3 cuillerées à soupe de jus de citron vert
- 4 kumquats
- Fécule de pomme de terre (ou de maïs)
- 100 g de farine de riz gluant
- 50 g de sucre semoule

金柑

Préparez la purée d'agrumes : dans un bol, mélangez la purée de haricots blancs avec le jus de citron vert et le zeste de 2 kumquats. Réservez-la au réfrigérateur.

Préparez le mochi : dans un bol, mélangez la farine de riz gluant, le sucre et 15 cl d'eau.

Faites chauffer de l'eau dans un cuit-vapeur. Déposez le bol dans le panier vapeur, couvrez et faites cuire pendant 15 minutes. Vous pouvez également faire cuire le mochi au micro-ondes (3 minutes en mélangeant la pâte à mi-cuisson).

Tamisez de la fécule sur le plan de travail et déposez dessus la pâte cuite en vous aidant d'une spatule en silicone. Tamisez de fécule sur le dessus car la pâte est très collante (n'hésitez pas à en mettre beaucoup). Étalez la pâte, puis découpez des cercles de 8 à 10 cm de diamètre.

Prenez un cercle de pâte, enlevez l'excès de fécule à l'aide d'un pinceau et déposez 1 cuillerée à soupe d'anko aux agrumes, recouvrez de pâte. Procédez de même pour les 7 autres mochi.

Coupez un kumquat en rondelles et prélevez le zeste du dernier.

Servez les mochi décorés de rondelles et de zestes de kumquats.

L'ASTUCE DE LAURE KIÉ

Cette recette peut fonctionner avec le mélange d'agrumes de votre choix : mandarine, clémentine, pomelo et bien sûr yuzu !

MOCHI GLACÉS もちアイス

Ces délices glacés enrobés d'une fine enveloppe de mochi sont la version moderne des traditionnels daifuku. Une douceur idéale pour se rafraîchir les papilles !

POUR 15 MOCHI

Préparation : 25 minutes
Cuisson : 15 minutes
Repos : 3 heures

- 500 g de mochi chaud (voir p. 29)
- 2 cuillerées à soupe de fécule de pomme de terre
- 15 boules (ou 600 ml) de glace, au choix en mixant les couleurs : matcha (voir p. 84), fraise, abricot, etc.

Déposez le mochi encore chaud sur le plan de travail recouvert de fécule.

Saupoudrez de fécule pour éviter que ça colle et étalez le mochi afin d'obtenir une épaisseur de 0,5 cm. Découpez 15 cercles de 10 cm de diamètre.

Empilez-les en les intercalant avec un film alimentaire. Laissez refroidir au congélateur pendant au moins 10 minutes.

Sortez les cercles de mochi du congélateur. Déposez une boule de glace au milieu de chaque cercle. Refermez en entourant la boule de glace de mochi, à l'aide du film alimentaire.

Dégustez sans attendre ou conservez au congélateur (jusqu'à 6 mois). Sortez du congélateur quelques minutes avant de déguster.

Recette
レシピ

SAKURA MOCHI 桜餅

Le sakura mochi est une sucrerie dégustée au printemps, pendant la période de floraison des cerisiers, « sakura » signifiant « cerisier » en japonais.

POUR 10 MOCHI

Préparation : 25 minutes
Cuisson : 10 à 15 minutes

- 250 g de pâte de haricots azuki (anko – voir recette p. 23)
- 250 g de riz gluant
- 35 cl d'eau
- 10 feuilles de cerisier salées (voir recette page suivante, ou à acheter en épicerie japonaise ou sur Internet)
- 2 gouttes de colorant rouge
- 2 cuillerées à soupe de sucre semoule

Rincez le riz dans plusieurs eaux jusqu'à ce que l'eau soit limpide. Égouttez-le et déposez-le dans une casserole avec le sucre, le colorant et l'eau. Laissez tremper pendant 1 heure.

Couvrez la casserole, portez à ébullition, puis laissez cuire pendant 12 minutes à feu doux. Retirez la casserole du feu et laissez reposer pendant 15 minutes à couvert.

Pendant ce temps, formez 10 boulettes de pâte anko. Réservez-les au réfrigérateur.

Faites tremper les feuilles de cerisier dans un saladier d'eau pendant 15 minutes afin de les dessaler. Égouttez et essuyez délicatement avec du papier absorbant.

Débarrassez le riz cuit dans un mortier et écrasez-le grossièrement pour former une pâte.

Déposez 1 grosse cuillerée à soupe de riz sur un film alimentaire. À l'aide de vos doigts humidifiés (pour éviter au riz de coller), étalez légèrement le riz. Disposez au centre une boulette de pâte anko et refermez le mochi à l'aide du film alimentaire.

Retirez le film alimentaire et enveloppez le mochi dans une feuille de cerisier.

L'ASTUCE DE LAURE KIÉ

Si vous ne trouvez pas de feuilles de cerisier salées, ajoutez 1 pincée de sel dans l'eau de cuisson du riz pour avoir un petit côté salé, caractéristique de cette recette.

Recette
レシピ

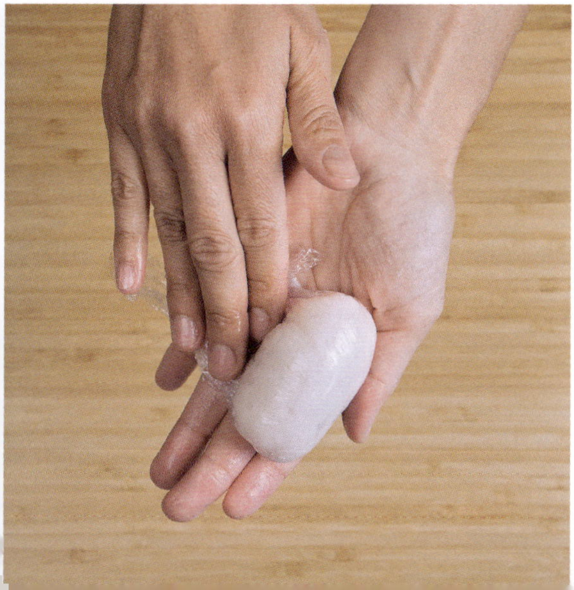

FEUILLES DE CERISIER SALÉES

POUR 20 FEUILLES
DE CERISIER

Préparation : 10 minutes
Cuisson : 2 minutes
Repos : 2 jours

- 20 jeunes feuilles de cerisier (à cueillir au printemps)
- 2 cuillerées à soupe d'eau chaude
- 1 cuillerée à café de sel

Dans un bol, faites dissoudre le sel dans l'eau. Laissez refroidir à température ambiante.

Portez de l'eau à ébullition dans une casserole. Faites blanchir les feuilles de cerisier pendant 1 minute. Égouttez et trempez-les dans de l'eau glacée. Égouttez à nouveau et déposez-les dans un sac congélation avec l'eau salée refroidie. Laissez mariner au moins 2 jours au réfrigérateur. Égouttez les feuilles.

Ces feuilles peuvent se conserver 1 mois au réfrigérateur ou 1 an au congélateur.

Au Japon, la période de floraison est célébrée par tous les Japonais lors du hanami, qui signifie littéralement « contempler les fleurs ». Une des façons de prolonger ce moment éphémère est de mettre ces fleurs délicates en saumure, de la même façon que les feuilles. Elles peuvent ensuite servir à décorer les gâteaux (comme ce sakura mochi) ou être dégustées en infusion.

おはぎ

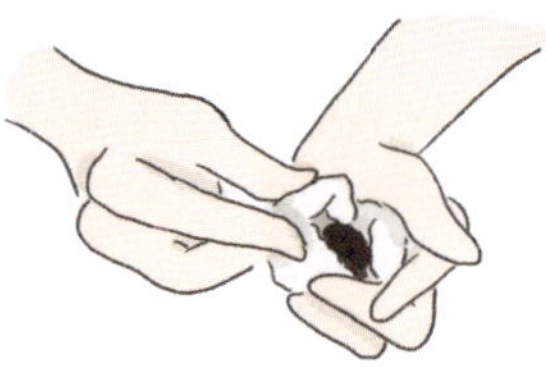

OHAGI おはぎ

Ces douceurs au riz gluant et à la pâte anko se préparent pour l'équinoxe d'automne. Je vous propose ici trois variantes, mais vous pouvez évidemment vous simplifier la tâche et n'en préparer qu'une seule sorte. Accompagnés d'un thé matcha, les ohagi vous plongent immédiatement dans le Japon traditionnel !

POUR 12 OHAGI
(4 DE CHAQUE SORTE)

Préparation : 30 minutes
Repos : 1 h 15
Cuisson : 12 minutes

- 250 g de purée de haricots azuki (voir p. 23)
- 250 g de riz gluant
- 35 cl d'eau
- 2 cuillerées à soupe de kinako
- 2 cuillerées à soupe de graines de sésame noir
- 2 cuillerées à soupe de sucre semoule

Lavez le riz. Égouttez-le et déposez-le dans une casserole avec le sucre et l'eau. Laissez tremper pendant 1 heure. Couvrez la casserole, portez à ébullition, puis laissez cuire pendant 12 minutes à feu doux. Retirez la casserole du feu et laissez reposer pendant 15 minutes à couvert.

Pendant ce temps, formez 12 boulettes de pâte anko (dont 4 un peu plus grosses). Réservez-les au réfrigérateur.

Dans une assiette creuse, mélangez le kinako avec 1 cuillerée à soupe de sucre. Dans un mortier, pilez les graines de sésame, ajoutez le reste de sucre, mélangez et débarrassez dans une autre assiette creuse.

À l'aide d'un pilon en bois que vous aurez mouillé au préalable, écrasez grossièrement le riz cuit pour former une pâte.

Déposez 1 grosse cuillerée à soupe de riz dans le creux de votre main humidifiée (pour éviter au riz de coller), étalez-le légèrement. Disposez au centre une boulette de pâte anko (parmi les plus petites) et refermez le mochi à l'aide du film alimentaire. Retirez le film alimentaire et déposez-le dans le mélange de kinako. Réalisez les 3 autres ohagi au kinako.

Procédez de même pour les 4 boulettes au sésame noir.

Pour les 4 derniers, formez 4 petites boulettes avec le riz restant en ayant bien humidifié vos mains au préalable. Prenez une boule d'anko (parmi les plus grosses) et étalez-la dans le creux de votre main. Déposez une boulette de riz, recouvrez-la de pâte anko et fermez l'ohagi. Procédez de même pour les 3 autres ohagi.

DANGO 団子

Également à base de mochi, ces boulettes sont parfois teintées de vert et de rose pour donner de jolies brochettes tricolores !

POUR ENVIRON 15 BOULETTES (5 BROCHETTES)

Préparation : 15 minutes
Cuisson : 6 minutes

- 50 g de farine de riz
- 110 g de farine de riz gluant
- 90 ml d'eau chaude
- 1 cuillerée à café de poudre de thé matcha
- 2 gouttes de colorant rouge
- 50 g de sucre semoule

Dans un saladier, mélangez les farines et le sucre. Répartissez le mélange obtenu dans 3 bols.

Dans le premier, ajoutez le matcha puis 30 ml d'eau chaude. Mélangez afin d'obtenir une consistance proche du lobe de l'oreille. Ajustez la quantité d'eau ou de farine afin d'obtenir la bonne consistance. Formez 5 boulettes.

Dans le deuxième bol, ajoutez le colorant rouge et 30 ml d'eau chaude. Dans le dernier bol, ajoutez simplement 30 ml d'eau chaude. Formez de la même manière 10 boulettes avec le contenu des deux derniers bols.

Portez de l'eau à ébullition dans une casserole. Déposez-y les boulettes par fournées. Lorsqu'elles remontent à la surface, faites-les cuire encore 2 minutes. Égouttez-les et piquez-les par 3 sur des brochettes.

L'ASTUCE DE LAURE KIÉ

Vous pouvez utiliser de la farine pour dango à la place du mélange de farines de riz et riz gluant.

KEEPER SERIES

LES WAGASHI 和菓子

Les pâtisseries traditionnelles japonaises sont appelées « wagashi » (« wa », « japonais », et « kashi », « sucrerie »). Ces petites friandises très esthétiques sont d'abord appréciées pour leur apparence, puis pour leur goût raffiné et délicat.

WAGASHI DE PRINTEMPS

春

Sakura nerikiri

Shibori nerikiri

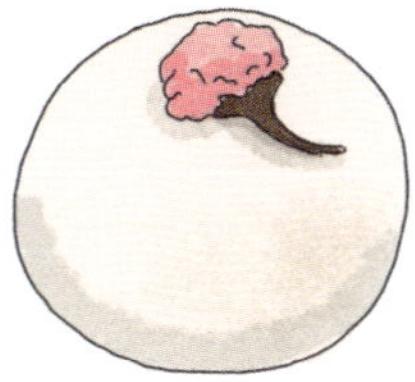

Sakura manju

WAGASHI D'ÉTÉ

夏

Kingyo kanten

Natsu shibori

Uchiwa

WAGASHI D'AUTOMNE

秋

Kuri yokan

Momiji

Botan nerikiri

WAGASHI D'HIVER

冬

Fuyu no happa

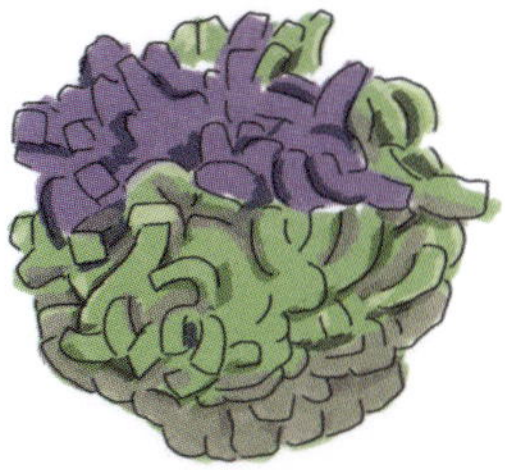

Fuyu nerikiri

Usagi manju

NERIKIRI 練りきり

Le nerikiri est une pâte composée de shiro-an (voir p. 24) et de farine de riz gluant. Il sert de base à la confection des précieux wagashi. La pâte obtenue est colorée avec différents colorants alimentaires et permet ainsi de réaliser une grande variété de pâtisseries traditionnelles.

POUR 525 G DE NERIKIRI

Préparation : 15 minutes
Cuisson : 20 minutes
Repos : 30 minutes

- 500 g de shiro-an (voir p. 24)
- 25 g de farine de riz gluant
- Quelques gouttes de colorants alimentaires (vert, jaune, rouge)

Mélangez le shiro-an et la farine de riz gluant dans un bol afin d'obtenir une pâte. Déposez la pâte obtenue dans un torchon et faites-la cuire à la vapeur pendant 20 minutes. À la fin de la cuisson, déposez la pâte sur le plan de travail et travaillez-la à l'aide du torchon pour la rendre homogène. Laissez refroidir 30 minutes.

Séparez la pâte en 3 portions. Déposez un tiers de la pâte dans un bol. Versez dessus quelques gouttes de colorant alimentaire vert. Mélangez pour obtenir une pâte d'un joli vert homogène.

Procédez de même pour obtenir le nerikiri jaune et le nerikiri rose, en utilisant respectivement les colorants jaune et rouge.

Vous obtenez ainsi 3 couleurs de nerikiri (vert, jaune et rose) pour réaliser les pâtisseries traditionnelles wagashi des pages 54 à 57.

SANKAKU BO

C'est un bâton en forme de triangle pour dessiner et façonner les pétales ou les nervures des wagashi en forme de fleur ou de plante. Chaque angle est différent pour permettre de former des traits plus ou moins fins. Vous pouvez vous servir du dos d'un couteau pour remplacer cet ustensile traditionnel.

Recette
レシピ

WAGASHI 和菓子

La réalisation des wagashi requiert une certaine technique et il est rare de se lancer seul dans la confection de ces délicates douceurs. Mais en suivant pas à pas les étapes de ces recettes, vous aurez la satisfaction d'avoir réalisé de véritable petits bijoux !

WAGASHI SHIBORI (VERT ET JAUNE)

POUR 3 WAGASHI SHIBORI
Préparation : 20 minutes

- 60 g de pâte de haricots blancs shiro-an (voir p. 24)
- 45 g de nerikiri vert (voir p. 52)
- 45 g de nerikiri jaune (voir p. 52)

Formez 3 boulettes de shiro-an. Divisez le nerikiri vert en 3 boulettes. Faites de même avec le nerikiri jaune.

Aplatissez légèrement 1 boulette verte et 1 boulette jaune entre vos doigts. Disposez 2 morceaux de film alimentaire et étalez la pâte en appuyant à l'aide d'une corne de pâtisserie ou d'une assiette plate afin d'obtenir un cercle. Retirez les films et déposez ce cercle de pâte nerikiri sur un tissu propre.

Disposez au centre 1 boulette de shiro-an et fermez le tissu. Tournez le tissu pour former une boule. Procédez de même avec les 2 autres wagashi.

HANA WAGASHI (FLEUR ROSE)

POUR 3 HANA WAGASHI
Préparation : 20 minutes

- 60 g de shiro-an (voir p. 24)
- 90 g de nerikiri rose (voir p. 52)
- 6 g de nerikiri jaune (voir p. 52)

Formez 3 boulettes de shiro-an. Divisez le nerikiri rose en 3 boulettes. Étalez 1 boulette rose entre 2 morceaux de film alimentaire. Retirez le film et déposez la pâte étalée dans la paume de votre main. Disposez 1 boulette de shiro-an au centre et recouvrez-la de pâte rose afin de former une boule.

À l'aide de la tranche non coupante d'un couteau, faites 8 incisions tout autour de la boule pour former les pétales d'une fleur. Déposez-la sur un plat de service. À l'aide du bout arrondi d'une baguette (à l'opposé de la pointe), appuyez légèrement sur le sommet de la fleur, à l'intersection des 8 incisions, pour créer un léger creux.

Passez le nerikiri jaune à travers un tamis en pressant avec le dos d'une cuillère. Prélevez un peu de ces filaments jaunes à l'aide de baguettes et déposez-les délicatement dans le creux au sommet de la fleur. Procédez de même avec les 2 autres wagashi.

Recette
レシピ

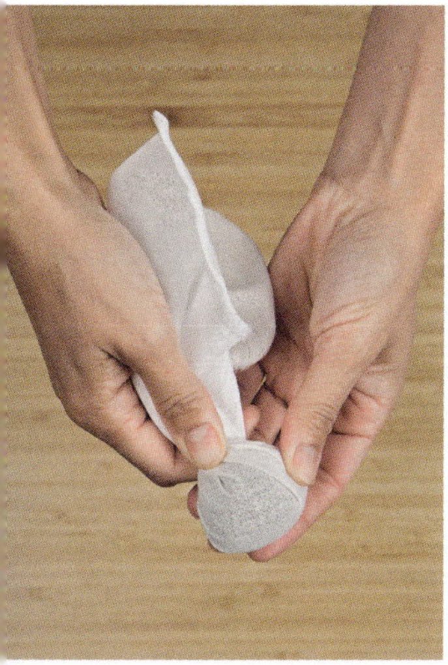

AKI WAGASHI (AUTOMNE)

POUR 3 AKI WAGASHI
Préparation : 20 minutes

- 60 g de pâte anko (tsubu-an, voir p. 23)
- 45 g de nerikiri vert (voir p. 52)
- 45 g de nerikiri jaune (voir p. 52)

Formez 3 boulettes de pâte anko.

Pressez séparément le nerikiri vert et le nerikiri jaune dans un presse-ail ou à travers un tamis large. Déposez délicatement ces filaments tout autour des boulettes de pâte anko à l'aide de baguettes. Laissez simplement apparaître la pâte sur le dessus.

Procédez de même avec les 2 autres wagashi.

LE CONSEIL DE LAURE KIÉ

Vous pouvez évidemment créer vos propres combinaisons de couleurs ou de formes. Laissez votre créativité s'exprimer !

TORAYA, LA PÂTISSERIE TRADITIONNELLE

Une histoire longue de près de cinq siècles lie la pâtisserie Toraya à la cour impériale, en étant leur fournisseur officiel. Les wagashi sont ici confectionnés dans la plus pure tradition avec une saisonnalité très forte.
www.toraya-group.co.jp/toraya-paris

Recette
レシピ

DORAYAKI どら焼き

Moelleux à souhait, le dorayaki est une pâtisserie traditionnelle qui se compose de deux pancakes fourrés à l'anko, la purée de haricots azuki. C'est un petit gâteau très populaire qui se déguste à toute heure de la journée.

POUR 8 DORAYAKI
Préparation : 10 minutes
Cuisson : 20 minutes

- 320 g de pâte de haricots azuki (voir p. 23)
- 4 œufs
- 70 g de sucre semoule
- 1 cuillerée à soupe de miel
- 1 pincée de sel
- 140 g de farine
- 1 cuillerée à café de levure chimique
- 1 filet d'huile végétale

Dans un saladier, mélangez les œufs, le sucre, le miel et la pincée de sel. Fouettez énergiquement l'ensemble pendant 2 minutes afin d'obtenir un mélange mousseux.

Tamisez la farine et la levure et incorporez-les au mélange.

Faites chauffer un filet d'huile dans une poêle. Versez une demi-louche de pâte dans la poêle.

Étalez légèrement la pâte avec le dos de la louche pour obtenir un petit cercle. Laissez cuire à feu moyen et, dès que des bulles apparaissent, retournez le pancake. Laissez cuire environ 3 minutes. Réservez sous un linge propre.

Étalez un peu de pâte anko sur un pancake. Recouvrez-le d'un second pancake et pressez légèrement. Faites de même jusqu'à épuisement de la pâte à pancakes.

Dégustez tiède ou conservez dans un film alimentaire.

Ce gâteau est un peu ma madeleine de Proust, elle me replonge immédiatement dans mon enfance lorsque je regardais le manga-dessin animé *Doraémon*. Ce chat bleu venu du futur a une adoration obsessionnelle pour les dorayaki et, comme mon héros, j'en raffolais !

LES VARIANTES

Waka-ayu

La composition est similaire au dorayaki, mais sa forme allongée est celle d'un poisson d'eau douce appelé « ayu ».

Taï-yaki

Ces gâteaux en forme de dorade fourrés à l'anko sont très souvent préparés dans les échoppes de rue.

Les délices de Tokyo

Le film *Les Délices de Tokyo* de Naomi Kawase, sorti en 2015, a permis au public français de mieux se familiariser avec les dorayaki. L'histoire relate la rencontre et l'amitié entre un homme qui tient une boutique de dorayaki sur le déclin et une vieille dame octogénaire qui insiste pour y travailler et qui va lui dévoiler les secrets de l'anko artisanal. Un film émouvant et poétique qui, de surcroît, nous donne envie de déguster de vrais dorayaki traditionnels...

Stand de taï-yaki.

YATSUHASHI 八ッ橋

Ce gâteau en forme de triangle est la spécialité de Kyoto. La présence de la cannelle, très rare dans une pâtisserie nippone, donne à cette douceur un parfum unique.

POUR 12 PIÈCES

Préparation : 30 minutes
Cuisson : 15 minutes

- 180 g de pâte de haricots azuki (voir p. 23)
- 60 g de farine de riz
- 40 g de farine de riz gluant
- 50 g de sucre
- 120 ml d'eau tiède
- 1 cuillerée à café de cannelle en poudre
- 20 g kinako (ou de matcha)

Dans un bol, mélangez les deux farines, le sucre et l'eau tiède.

Faites chauffer de l'eau dans un cuit-vapeur. Disposez le bol dans le panier vapeur, couvrez et faites cuire pendant 15 minutes.

Pendant ce temps, formez 12 boules avec la pâte anko. Réservez-les au réfrigérateur.

Dans un bol, mélangez le kinako et la cannelle. Tamisez la moitié de ce mélange sur une feuille de papier cuisson et déposez la pâte cuite dessus en vous aidant d'une spatule en silicone. Recouvrez du reste de mélange au kinako pour éviter que la pâte ne soit trop collante.

Recouvrez la pâte d'un papier cuisson et étalez-la au rouleau à pâtisserie.

Découpez dans la pâte 12 carrés de 8 cm de côté.

Déposez une boule d'anko au centre d'un carré de pâte. Humidifiez les bords de la pâte et pliez-la en deux en forme de triangle. Scellez le pourtour.

LE CONSEIL DE LAURE KIÉ

Ne tardez pas à déguster ces pâtisseries qui ont tendance à sécher rapidement car la pâte est fine. Conservez-les dans un film alimentaire et de préférence dans un récipient hermétique.

AGAR-AGAR 寒天

Ce gélifiant naturel extrait d'une algue est largement utilisé au Japon, alors que c'est la gélatine (à base de cartilage animal) qui est plus utilisée en France. On peut le trouver en filaments ou en bloc, mais je vous conseille vivement de prendre la version en poudre, bien plus facile d'utilisation.

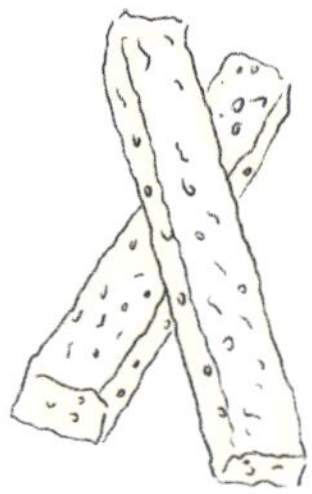

L'agar agar, appelé « kanten » au Japon, existe sous différentes formes : en poudre, en rectangle solide ou en paillettes. La forme solide en rectangle doit être réhydratée dans de l'eau pendant environ 1 heure avant utilisation. Je vous conseille vivement d'opter pour la poudre, qui est bien plus simple d'utilisation.

Dosage : toute la difficulté réside dans le dosage de l'agar-agar, qui est 8 fois plus gélifiant que la gélatine. La quantité standard est de 4 g (2 cuillerées à café) par litre de préparation. Si vous souhaitez une texture plus crémeuse, que vous n'avez pas besoin de gélifier, vous pouvez opter pour 3 g d'agar-agar par litre. Au contraire, pour un résultat plus cassant, passez à 5 g par litre.

Cuisson : l'agar-agar doit être incorporé dans un liquide froid. Portez ensuite le liquide à ébullition tout en mélangeant. Il doit y avoir une ébullition d'au moins 10 secondes pour que les propriétés gélifiantes de l'agar-agar puissent se développer.

Gélification : la gélification se fera ensuite lorsque la préparation atteindra une température d'environ 40 °C.

Utilisation : dans une gelée de fruits (voir p. 124), une panna cotta (voir p. 112) ou un yokan (voir p. 64).

Recette
レシピ

YOKAN ようかん

Le yokan est une pâtisserie traditionnelle japonaise d'une grande sobriété mais au goût subtil et délicat.

YOKAN 100 % MARRONS

POUR 4 PERSONNES

Préparation : 15 minutes
Cuisson : 1 minute
Repos : 2 heures

- 200 g de crème de marrons (sucrée)
- 8 marrons glacés
- 1 cuillerée à café rase d'agar-agar en poudre
- 1 cuillerée à soupe de fécule de maïs

Dans une casserole, mélangez 15 cl d'eau, la poudre d'agar-agar et la fécule de maïs. Portez à ébullition et faites frémir pendant 30 secondes en fouettant sans cesse.

Hors du feu, ajoutez la crème de marrons. Mélangez au fouet pour obtenir une texture onctueuse.

Versez la préparation dans un moule de 12 × 10 cm. Répartissez les marrons glacés dans le moule et laissez refroidir à température ambiante. Placez 2 heures minimum au réfrigérateur.

Démoulez et coupez en lamelles avant de servir.

La simplicité

Le yokan, dans sa recette classique, est tout simplement composé de 3 ingrédients : anko (pâte de haricots azuki), sucre et agar-agar.
Il peut cependant être enrichi, selon les saisons, de marrons (kuri yokan), de patate douce, de matcha... et peut être coloré en rose pour la période des cerisiers ou additionné d'eau pour l'alléger durant l'été (mizu yokan).

Recette レシピ

MIZU YOKAN

POUR 8 À 10 PERSONNES

Préparation : 5 minutes
Cuisson : 3 minutes
Repos : 2 heures

- 400 g de pâte de haricots azuki (voir p. 23)
- 15 cl d'eau
- 3 g d'agar-agar
- Sel

Dans une casserole, mélangez l'eau, 1 pincée de sel, la pâte anko et la poudre d'agar-agar.

Portez à ébullition et faites frémir pendant 30 secondes en fouettant sans cesse.

Versez la préparation dans un petit moule à fond amovible (sinon, tapissez-le de film alimentaire pour faciliter le démoulage). Laissez refroidir à température ambiante, puis placez 2 heures minimum au réfrigérateur.

Démoulez le mizu yokan et coupez-le en lamelles avant de servir.

L'ASTUCE DE LAURE KIÉ

Vous pouvez enrichir cette recette, qui se déguste au Japon avec du thé vert, en ajoutant des châtaignes au sirop que vous placerez dans le moule avant de verser la pâte anko.

KUZU MANJU AUX FÈVES くずまんじゅう

Ces pâtisseries à base de kuzu, une plante sauvage dont la racine produit une fécule qui sert de liant, ont une texture très agréable – à mi-chemin entre la gélatine et la crème.

POUR 10 MANJU

Préparation : 20 minutes
Cuisson : 5 minutes

- 50 g de kuzu (en magasins bio ou en épiceries japonaises)
- 20 cl d'eau
- 80 g de sucre semoule

POUR LA PURÉE DE FÈVES :

- 250 g de fèves écossées cuites
- 150 g de sucre semoule

Préparez la purée de fèves en suivant les indications de la page 24. Formez 10 boulettes. Réservez-les au réfrigérateur.

Dans une casserole, mélangez le kuzu et l'eau du bout des doigts afin de dissoudre le kuzu dans l'eau. Versez le sucre. Mélangez et faites chauffer à feu doux. Mélangez à la spatule jusqu'à ce que la pâte devienne translucide. Prélevez-en 1 cuillerée à soupe et plongez-la dans un saladier d'eau froide. Égouttez la pâte et étalez-la entre vos mains. Déposez au centre une boulette de purée de fèves. Refermez le manju à l'aide d'un film alimentaire.

Procédez de la même manière pour les 9 autres manju. Laissez refroidir avant de servir.

L'ASTUCE DE LAURE KIÉ

La manipulation de la pâte au kuzu n'est pas aisée. Assurez-vous de toujours avoir les mains bien mouillées avant de la toucher !

MANJU まんじゅう

Dans la famille des wagashi, les manju sont les cousins des mochi. Ces petits gâteaux fourrés à la pâte de haricots sont entourés d'une couche de pâte à base de farine de blé (à la place du riz gluant pour les mochi), puis cuits à la vapeur. Très appréciés au Japon, ils peuvent prendre différentes formes et couleurs selon les saisons ou les régions.

POUR ENVIRON 12 MANJU

Préparation : 20 minutes
Cuisson : 10 minutes

- 200 g de pâte de haricots azuki (voir p. 23)
- 90 g de farine blanche à levure incorporée
- 2 cuillerées à soupe d'eau
- 60 g de sucre semoule

Formez 12 boulettes de pâte anko. Réservez au réfrigérateur.

Tamisez la farine. Dans un saladier, mélangez le sucre et l'eau. Incorporez la farine. Mélangez à la main afin de former une pâte homogène. Divisez la pâte en 12 portions. Étalez un bout de pâte dans le creux de votre main afin de former un cercle.

Déposez une boulette de pâte anko au centre de ce cercle. Refermez la pâte pour obtenir une boule. Déposez-la dans un panier vapeur tapissé d'un tissu fin ou de papier cuisson. Procédez de même pour le reste des ingrédients.

Faites cuire les manju à la vapeur pendant 10 minutes. Dégustez chaud ou laissez refroidir à température ambiante.

Recette
レシピ

WARABIMOCHI 蕨餅

Entre la texture du mochi et celle de la gelée, ce dessert traditionnel frais et léger est surtout apprécié en été. Il est extrêmement simple à réaliser si vous mettez la main sur les bons ingrédients.

POUR 6 PERSONNES

Préparation : 10 minutes
Cuisson : 5 minutes

POUR LA PÂTE :
- 60 g de warabiko (en épiceries asiatiques, peut être remplacé par de la farine de tapioca)
- 30 cl d'eau
- 50 g de sucre semoule
- 1 pincée de sel

POUR LA FINITION :
- 30 g de kinako (farine de soja toastée, en magasins bio ou en épiceries japonaises)
- 1 filet de kuro-mitsu, un sirop de sucre noir (ou de sirop d'érable)

Mélangez tous les ingrédients de la pâte dans une casserole. Faites chauffer sur feu doux en fouettant sans cesse jusqu'à ce que le mélange épaississe et devienne transparent.

Tamisez la moitié du kinako sur une plaque. Déposez la pâte obtenue sur le kinako. Recouvrez-la avec le reste de kinako en le tamisant également. Coupez des carrés dans la pâte. Vérifiez qu'elle soit bien enrobée de kinako.

Servez avec un filet de kuro-mitsu.

LE CONSEIL DE LAURE KIÉ

Vous pouvez remplacer le warabiko par 30 g de farine de riz gluant et 30 g de farine de tapioca, toutes deux plus faciles à trouver dans n'importe quelle épicerie asiatique.

LE MATCHA 抹茶

Le matcha est la nouvelle star des desserts contemporains : un régal pour les yeux et les papilles, bénéfique pour la santé !

Le matcha est souvent considéré comme le haut de gamme des thés verts au Japon. Les feuilles de thé les plus nobles sont séchées puis broyées pour obtenir une poudre d'une grande finesse.

Si le matcha était principalement consommé en boisson pour la cérémonie du thé, il est aujourd'hui plébiscité dans la pâtisserie. Sa texture particulière permet de facilement l'incorporer dans des desserts (cakes, tiramisus, sablés, glaces, macarons) où sa couleur vert clair et son goût subtil apportent une vraie originalité.

Recette
レシピ

THÉ MATCHA

Le matcha est bien sûr une boisson traditionnelle, mais elle est surtout devenue la nouvelle star des pâtisseries. Au Japon, bon nombre de boutiques ont fleuri ces dernières années pour décliner cette poudre de thé vert aux vertus bénéfiques pour la santé. On aurait tort de s'en passer !

Le matcha est de la poudre de thé utilisée pour la cérémonie du thé (voir p. 132). C'est normalement un thé de grande qualité (souvent du tencha issu de plantations couvertes) provenant de feuilles de première récolte qui sont ensuite séchées et écrasées en poudre. Pour les matchas de bonne qualité, le goût est plus doux qu'amer.

POUR 1 BOL

Préparation : 2 minutes

- 1 cuillerée à soupe (2 g de thé
- 80 ml d'eau à 80 °C

Versez le thé et l'eau dans un bol et fouettez vigoureusement pendant au moins 15 secondes.

Le thé doit mousser en surface.

CAKE AU MATCHA 抹茶ケーキ

C'est une recette facile que je prépare régulièrement quand je vais chez des amis ou pour des buffets. Le goût du matcha est bien présent, mais c'est aussi un cake gourmand avec une petite saveur de noisette. Et je peux vous garantir qu'il fait toujours l'unanimité !

POUR 10 PERSONNES (MOULE RECTANGULAIRE DE 20 CM DE LONGUEUR)

Préparation : 20 minutes
Cuisson : 50 minutes
Repos : 30 minutes

- 1 cuillerée à soupe de thé matcha
- 100 g de noisettes
- 1 cuillerée à soupe de graines de sésame noir
- 2 œufs
- 120 g de yaourt nature
- 150 g de farine
- ½ sachet de levure chimique
- 100 g de beurre
- 150 g de sucre semoule

Torréfiez les noisettes dans une poêle sur feu vif, sans matière grasse. Lorsqu'elles commencent à dorer, faites-les sauter dans la poêle pendant 2 minutes. Passez-les au mixeur afin de les réduire en poudre.

Préchauffez le four à 180 °C (th. 6). Faites fondre le beurre. Dans un saladier, fouettez le yaourt avec les œufs et le sucre. Ajoutez le beurre fondu. Dans un second saladier, tamisez la farine avec la levure et le matcha. Mélangez le contenu des deux saladiers. Ajoutez les noisettes en poudre. Tapissez un moule à cake de papier cuisson et versez-y la pâte. Parsemez les graines de sésame noir.

Enfournez pour 45 minutes. Vérifiez la cuisson à l'aide de la lame d'un couteau plongée dans le cake : elle doit ressortir sèche. Laissez tiédir le cake sur une grille à la sortie du four.

FLUFFY MATCHA PANCAKE パンケーキ

Ces fameux pancakes à la japonaise, appelés « fluffy pancakes », sont particulièrement moelleux et aériens comme un soufflé.

POUR 6 À 8 PERSONNES

Préparation : 15 minutes
Cuisson : 12 minutes

- 2 cuillerées à soupe de lait
- Quelques gouttes d'extrait de vanille
- 1 pincée de sel
- 1½ cuillerée à soupe de matcha
- 3 œufs
- 45 g de farine blanche
- 3 cuillerées à soupe de sucre
- 1 filet d'huile végétale pour la cuisson

POUR SERVIR :

- Matcha saupoudré
- Fraises
- Chantilly

Séparez le blanc des jaunes d'œufs. Dans un saladier, fouettez les jaunes d'œufs avec le lait, l'extrait de vanille et la pincée de sel. Ajoutez la farine et le matcha tamisés. Mélangez.

Fouettez les blancs d'œufs à vitesse lente. Lorsqu'ils deviennent blancs, ajoutez la moitié du sucre. Augmentez la vitesse et incorporez le reste de sucre tout en continuant de fouetter ; arrêtez quand les blancs sont montés en neige ferme.

Incorporez en 3 fois les œufs en neige dans le saladier.

Dans une poêle légèrement huilée, déposez 3 à 4 cercles (d'environ 10 cm de diamètre et de 4 cm de hauteur). Versez la pâte aux trois quarts de la hauteur dans chaque cercle, couvrez et faites cuire le pancake pendant 3 minutes. Retournez-le et retirez le cercle à l'aide d'un couteau. Faites cuire l'autre côté pendant 1 minute à couvert. Procédez de la même manière jusqu'à épuisement de la pâte.

Dégustez les pancakes garnis de chantilly, de fraises et de matcha saupoudré.

L'ASTUCE DE LAURE KIÉ

Voici la technique pour la cuisson sans cercle : à l'aide d'une cuillère à glace, déposez un peu de pâte dans la poêle, couvrez et faites cuire le pancake pendant 1 minute, puis déposez à nouveau 1 cuillerée de pâte sur celle qui a déjà cuit 1 minute. Couvez, laissez cuire 2 minutes, retournez le pancake et faites cuire l'autre côté pendant 1 minute à couvert.

FONDANT MATCHA-CHOCOLAT 抹茶チョコ

C'est une recette que j'ai inventée pour assouvir ma passion du chocolat et du matcha. Le mariage chocolat-matcha fonctionne parfaitement. Dans ce fondant, le contraste entre le noir du cœur coulant chocolat et le vert intense du thé rend ce dessert gourmand particulièrement esthétique.

POUR 4 PERSONNES

Préparation : 15 minutes
Cuisson : 8 minutes

- 8 g de thé matcha
- 12 carrés de chocolat noir
- 70 g de poudre de noisettes grillées (voir p. 76)
- 3 œufs
- 100 g de sucre semoule
- 100 g de beurre
- 30 g de farine
- 30 g de fécule de maïs
- 1 pincée de sel

Préchauffez le four à 180 °C (th. 6). Dans un saladier, battez les œufs avec le sucre jusqu'à l'obtention d'un mélange mousseux. Diluez le matcha dans 2 cuillerées à soupe d'eau chaude. Faites fondre le beurre. Ajoutez le matcha et le beurre fondu dans le saladier. Mélangez.

Dans un autre saladier, mélangez la farine, la fécule, le sel et la poudre de noisettes. Mélangez les ingrédients des deux saladiers.

Beurrez et farinez les moules. Versez la pâte dans les moules en les remplissant à moitié. Déposez 2 carrés de chocolat au centre de chaque moule. Recouvrez avec le reste de pâte et enfournez pour 8 minutes. Dégustez aussitôt car le chocolat doit être encore chaud pour être coulant !

TIRAMISU AU MATCHA

抹茶ティラミス

Le meilleur de l'Italie et du Japon dans cette version japonisante du tiramisu ! Même s'il a besoin d'être préparé un peu à l'avance, c'est un dessert vite réalisé et sans cuisson.

POUR 8 PERSONNES

Préparation : 15 minutes
Repos : 2 heures

- 1 cuillerée à soupe de thé matcha en poudre
- 16 biscuits à la cuillère
- 2 œufs bio extra-frais
- 60 g de sucre semoule
- 200 g de mascarpone
- 12 cl d'eau chaude
- 1 pincée de sel

Préparez la crème au mascarpone : séparez les blancs d'œufs des jaunes. Dans un saladier, battez les jaunes avec le sucre, puis ajoutez le mascarpone afin d'obtenir un mélange homogène.

Montez les blancs en neige avec la pincée de sel et incorporez-les délicatement au mélange précédent. Faites infuser ½ cuillerée à soupe de matcha dans un bol contenant 12 cl d'eau chaude.

Trempez les biscuits au fur et à mesure dans le thé, puis déposez-les côte à côte au fond d'un plat creux.

Versez un peu de crème au mascarpone sur les biscuits. Ajoutez une autre couche de biscuits et terminez par une couche de crème au mascarpone.

Placez le tiramisu au réfrigérateur pendant 2 heures, l'idéal étant de le préparer la veille. À l'aide d'une passoire fine, saupoudrez le dessus du tiramisu avec le reste de matcha juste avant de servir.

Recette
レシピ

GLACE AU MATCHA 抹茶アイス

C'est sans doute par la glace que le matcha a fait son entrée dans les desserts. Et en effet, elle permet d'apprécier toute la saveur du matcha dans cette crème onctueuse qui amène de la douceur au goût parfois herbacé de ce thé vert et à sa légère amertume.

POUR 1 L DE GLACE

Préparation : 10 minutes
Cuisson : 5 minutes
Turbinage : 25 minutes

- 2 cuillerées à soupe de thé matcha
- 3 jaunes d'œufs
- 90 g de sucre semoule
- 30 cl de lait entier
- 30 cl de crème fraîche

Dans un saladier, fouettez énergiquement le sucre et les jaunes d'œufs afin d'obtenir un mélange mousseux.

Dans une casserole, faites chauffer le lait et la crème. Dès l'ébullition, retirez du feu et incorporez le matcha en le saupoudrant à travers un tamis.

Versez ce mélange encore bien chaud sur le mélange sucre-oeufs. Fouettez pour obtenir un mélange bien lisse.

Transvasez le tout dans la casserole. Faites chauffer à feu doux en remuant sans cesse à l'aide d'une spatule en bois pour faire épaissir la crème.

Dès que le mélange nappe la spatule et qu'en faisant un trait sur le dos de la spatule, avec le doigt, le trait reste net et ne se referme pas, retirez du feu.

Laissez refroidir à température ambiante, puis versez dans une sorbetière. Faites turbiner la sorbetière pendant 25 minutes environ.

Recette
レシピ

SHORTCAKE AU MATCHA 抹茶ショートケーキ

Ce joli gâteau tricolore est un parfait équilibre entre la légèreté d'une génoise au matcha, la gourmandise d'une crème fouettée et la fraîcheur des fraises. Un régal pour les yeux et les papilles !

POUR 8 À 10 PERSONNES (MOULE DE 20 CM DE DIAMÈTRE)

Préparation : 45 minutes
Cuisson : 40 minutes
Repos : 1 heure

- 1 cuillerée à soupe de thé matcha
- 5 œufs
- 100 g de farine blanche
- 1 cuillerée à café de levure chimique
- 5 cl de lait
- 8 cl d'huile de tournesol
- 100 g de sucre semoule

POUR LA CRÈME (INGRÉDIENTS BIEN FROIDS) :
- 120 g de mascarpone
- 25 cl de crème fleurette
- 60 g de sucre glace

POUR LA GARNITURE :
- 1 barquette de 250 g de fraises
- Thé matcha pour saupoudrer la surface

Séparez les jaunes des blancs d'œufs. Préchauffez le four à 180 °C (th. 6).

Découpez un cercle de papier cuisson et déposez-le au fond du moule afin de faciliter le démoulage.

Dans un saladier, battez les jaunes d'œufs et la moitié du sucre jusqu'à ce que le mélange devienne mousseux. Versez l'huile de tournesol, fouettez, puis versez le lait. Fouettez à nouveau.

Dans un autre saladier, tamisez la farine, la levure et le matcha. Combinez les ingrédients des deux saladiers.

Fouettez les blancs d'œufs à vitesse lente. Lorsqu'ils deviennent blancs, ajoutez la moitié du sucre restant. Augmentez la vitesse et incorporez le reste de sucre tout en continuant de fouetter. Arrêtez de fouetter quand les blancs d'œufs sont montés en neige ferme.

Incorporez en 3 fois les œufs en neige au mélange du saladier. Versez cette préparation dans le moule.

Enfournez pour 40 minutes. Vérifiez la cuisson à l'aide de la pointe d'un couteau ; elle doit ressortir sèche du gâteau. À la sortie du four, laissez refroidir sur une grille.

Fouettez le mascarpone, la crème et le sucre en chantilly. Débarrassez-la dans une poche à douille et réservez au réfrigérateur.

Équeutez les fraises. Réservez-en quelques-unes pour la décoration. Coupez un tiers des fraises restantes en dés. Coupez le reste en deux.

Démoulez le gâteau et coupez-le en deux dans son épaisseur à l'aide d'un couteau à pain.

Déposez un disque de gâteau dans un cercle de même diamètre et disposez les fraises coupées en deux sur le pourtour du disque. Déposez les dés de fraises au centre et recouvrez le tout de chantilly au mascarpone. Déposez par-dessus le second disque de gâteau. Étalez sur le dessus le reste de chantilly.

Réservez au réfrigérateur pendant au moins 1 heure.

Avant de servir, retirez le cercle, saupoudrez de matcha et garnissez le shortcake de fraises réservées.

Le *strawberry short cake* est sans doute l'un des gâteaux les plus populaires au Japon. On le retrouve dans la plupart des pâtisseries.

Recette
レシピ

鳴門鯛焼
天然たいやき
全国発送承ります
LINE Pay
火災受信所
営業時間
朝11時~翌朝5時
鳴門鯛焼本舗
「鳴門鯛焼本舗」
わらび餅
280円
入口
ENTER
天然鯛焼
鳴門金時いも
200円

MELON PAN メロンパン

Ces délicieux pains constitués d'une brioche à l'intérieur et recouverts d'une fine couche de sablé prennent la forme du melon, d'où son nom. Mais si vous êtes à la recherche du goût du melon, passez votre chemin !

POUR 6 MELON PAN

Préparation : 1 heure
Cuisson : 15 minutes
Repos : 3 heures

POUR LE SABLÉ :

- 25 g d'œuf battu (environ ½ œuf) à température ambiante
- 80 g de farine blanche + une petite quantité pour étaler
- 1 pincée de levure chimique
- 25 g de beurre à température ambiante
- 35 g de sucre semoule

POUR LA PÂTE À PAIN :

- 1 cuillerée à soupe d'œuf battu
- 140 g de farine blanche + une petite quantité pour pétrir
- 3 g de levure boulangère sèche
- 70 ml de lait
- 15 g de beurre à température ambiante
- 25 g de sucre semoule
- 1 pincée de sel

Commencez par préparer la pâte à pain.

Dans un saladier, mélangez la farine, le sucre, le sel et la levure. Dans une casserole, faites tiédir le lait. Hors du feu, incorporez l'œuf battu. Versez petit à petit dans le saladier contenant la farine tout en mélangeant à l'aide d'une spatule. Déposez la pâte obtenue sur le plan de travail recouvert de farine.

Formez une boule et pétrissez la pâte pendant 5 minutes. Étalez grossièrement la pâte.

Coupez le beurre en petits dés et disposez-les sur la pâte étalée. Recouvrez le beurre en roulant la pâte sur elle-même et recommencez à pétrir. Continuez à pétrir pendant 10 minutes. Formez une boule avec la pâte et déposez-la dans un saladier. Recouvrez d'un torchon et laissez lever pendant 1 heure dans un endroit tempéré, à l'abri des courants d'air, dans le four éteint, par exemple.

Pendant ce temps, préparez le sablé.

Dans un saladier, fouettez le beurre jusqu'à l'obtention d'une consistance crémeuse. Ajoutez petit à petit le sucre en fouettant sans cesse jusqu'à ce qu'il soit dissous dans le beurre.

Ajoutez ensuite la moitié de l'œuf battu. Fouettez, puis incorporez l'autre moitié. Tamisez la farine avec la levure. Incorporez-les petit à petit dans le saladier à l'aide d'une spatule jusqu'à l'obtention d'une pâte homogène. Déposez la pâte obtenue sur un film alimentaire. Formez un cylindre, filmez-le et laissez-le reposer au réfrigérateur pendant 1 heure.

L'ASTUCE DE LAURE KIÉ

Pour vérifier que la pâte à pain est suffisamment montée, il suffit d'enfoncer votre doigt au centre de la boule ; si elle ne se referme pas, elle est suffisamment montée.

Formez les boules de pâte à pain.

Quand la pâte à pain a doublé de volume, transférez-la sur le plan de travail et pétrissez-la à nouveau pendant 2 minutes pour chasser l'air.

Divisez la pâte à pain en 6 parts égales. Formez une boule avec chaque part. Déposez-les sur une plaque et recouvrez-les de film alimentaire. Laissez reposer 15 minutes.

Préparez les cercles de sablé.

Sortez le cylindre de pâte sablée et retirez le film. Coupez en 6 parts égales. Étalez chaque part afin de former un cercle d'environ 12 cm de diamètre.

Finalisez les melon pan.

Préchauffez le four à 180 °C (th. 6).

Écrasez les boules de pâte à pain sur le plan de travail avec la paume de la main. Reformez une boule et couvrez-la d'un cercle de pâte sablée. Refermez le cercle de pâte sablée afin d'envelopper la boule de pâte à pain tout en laissant une partie non couverte au niveau de la base.

Disposez du sucre dans un petit bol. Saisissez le melon pan au niveau de sa base non recouverte de pâte sablée et tapotez le dessus dans le sucre pour le faire adhérer sur toute la surface.

À l'aide d'un couteau, quadrillez le dessus du melon pan et déposez-le sur la plaque de cuisson. Procédez de même avec le reste des melon pan. Laissez reposer 45 minutes.

Enfournez les melon pan pour 15 minutes.

KAWAII !! かわいい

« Kawaii » signifie « mignon » en japonais. Dérivant de la culture pop japonaise et de l'influence des mangas, la tendance kawaii se retrouve jusque dans les pâtisseries... Pour le bonheur des enfants autant que celui des adultes !

BALADE DANS LE TOKYO KAWAII

Harajuku

Harajuku est sans conteste le quartier où il faut aller ! Dans la rue piétonne Takeshita, vous trouverez votre bonheur dans les boutiques où des lolitas vous serviront des crêpes colorées ou des glaces-animaux.

Yanaka Ginza est un autre lieu où déguster quelques friandises kawaii. Dans cette ruelle commerçante, c'est le chat (neko, en japonais) qui est à l'honneur. Biscuits, gâteaux, onigiri..., tout prend la forme du félin. Ne manquez pas les adorables donuts en forme de queue de chat à la pâtisserie Shippoya.

Crêpes ou glaces dans la rue Takeshita.

LES CAFÉS ET RESTAURANTS

Floresta Nature Doughnuts

Ces donuts en forme d'animaux sont absolument craquants. En plus, ils sont délicieux et faits avec des ingrédients bio. Floresta, qui compte plusieurs magasins dans tout le Japon, est très engagé pour le respect de l'environnement. On croque donc dans ces adorables donuts sans culpabiliser !

JR Koenji

Shiro Hige's Creamy Puff Factory

Les amoureux de Totoro et des Studios Gibli ne pourront pas manquer de faire un arrêt dans cette pâtisserie-salon de thé qui propose des choux à la crème à la forme du fameux personnage de dessin animé. Trop chou !

OH Shimokitazawa

Chou à la crème Totoro.

AN-PAN あんパン

Un ancien samouraï, Yasubei Kimura, a eu l'idée de substituer le mochi par de la pâte à pain pour la création de cette nouvelle viennoiserie devenue un classique au Japon : l'an-pan (« an » pour la pâte anko).

POUR 10 AN-PAN

Préparation : 30 minutes
Cuisson : 12 minutes
Repos : 1 h 55

- 320 g de pâte de haricots azuki (tsubu-an, voir p. 23)
- 1 œuf battu
- 250 g de farine blanche
- 1 cuillerée à soupe de fécule de maïs
- 1,5 cuillerée à café de levure sèche
- 10 cl de lait
- 35 g de beurre à température ambiante
- 50 g de sucre semoule
- 1 cuillerée à café de sel

POUR LA FINALISATION :

- 1 œuf
- Graines de sésame noir
- 1 cuillerée à soupe d'eau
- 1 pincée de sel

Dans un bol, diluez le sucre et la levure sèche dans le lait, et laissez reposer 5 minutes.

Dans un saladier, mélangez la farine, la fécule et le sel. Ajoutez le contenu du bol et mélangez. Ajoutez l'œuf battu, mélangez à nouveau. Coupez le beurre en carrés, puis incorporez-le à la pâte.

Pétrissez pendant 10 minutes (ou 4 minutes au batteur électrique). La pâte doit être souple mais ne plus coller aux doigts. Ajustez si nécessaire en ajoutant du lait si la pâte est trop sèche, ou de la farine si la pâte est trop collante. Formez une boule et déposez-la dans un saladier. Recouvrez d'un torchon et laissez reposer la pâte dans un endroit chaud pendant 1 heure ; la boule doit doubler de volume.

Quand la pâte a doublé de volume, pétrissez-la rapidement afin d'enlever l'air. Formez à nouveau une boule et coupez-la en 8 parts égales. Reformez 8 petites boules et déposez-les sur la plaque du four recouverte de papier cuisson. Couvrez d'un film alimentaire et laissez reposer 15 minutes.

Pendant ce temps, formez 8 boules de pâte anko à l'aide d'une cuillère à glace.

Farinez le plan de travail. Prenez une boule de pâte, étalez-la pour obtenir un cercle d'environ 10 cm de diamètre et déposez une boule de pâte anko au centre. Refermez la pâte. Laissez reposer 30 minutes sur la plaque du four, sous un film transparent.

Préchauffez le four à 200 °C (th. 6-7).

LE CONSEIL DE LAURE KIÉ

Pour conserver au mieux ces an-pan et garder leur moelleux, enveloppez-les dans un torchon et gardez-les dans un récipient hermétique.

Dans un bol, battez l'œuf avec la pincée de sel et l'eau. Badigeonnez les boules de pâte d'œuf battu à l'aide d'un pinceau. Déposez quelques graines de sésame sur le dessus.

Enfournez pour 12 minutes. Laissez tiédir avant de déguster.

Dans les boulangeries japonaises, vous pouvez trouver de nombreuses variantes de cette recette avec, par exemple, à la place du tsubu-an, du shiro-an (aux haricots blancs) ou une version avec du matcha dans la pâte à brioche. Il existe même une version salée très populaire avec du curry en guise de farce.

CASTELLA カステラ

Importée au Japon au XVIe siècle par les missionnaires portugais, cette génoise moelleuse est devenue une spécialité de la ville de Nagazaki.

POUR 10 PERSONNES

Préparation : 15 minutes
Cuisson : 35 minutes
Repos : 4 heures

- 130 g de farine
- 6 œufs
- 75 g de miel liquide dilué dans 3 cuillerées à soupe d'eau chaude
- 120 g de sucre semoule

Réservez 2 cuillerées à soupe du mélange à base de miel. Tapissez un moule rectangulaire de 20 cm de longueur de papier cuisson. Préchauffez le four à 180 °C (th. 6). Tamisez la farine dans un saladier.

Cassez les œufs dans le bol d'un robot. Battez-les, ajoutez le sucre et battez à vitesse maximale pendant 5 minutes. Ajoutez le miel, battez à nouveau, puis ajoutez la moitié de la farine tamisée. Battez, puis incorporez le reste de farine. Versez le mélange dans le moule et enfournez pour 35 minutes.

À la sortie du four, badigeonnez le castella de miel réservé, puis enveloppez-le dans du film alimentaire en retirant le papier cuisson. Laissez reposer au moins 4 heures à température ambiante. Retirez les bords du castella et coupez-le en tranches avant de servir.

L'ASTUCE DE LAURE KIÉ

Le castella se conserve très bien quelques jours au réfrigérateur. Veillez à toujours bien l'emballer dans un film alimentaire pour éviter qu'il ne se dessèche.

CHEESECAKE チーズケーキ

Vous connaissez sans doute le traditionnel cheesecake new-yorkais, mais la version japonaise est assez différente car elle n'a pas de couche à base de biscuit et, surtout, sa texture est bien plus moelleuse et aérienne !

POUR 10 PERSONNES (MOULE DE 20 CM DE DIAMÈTRE)

Préparation : 25 minutes
Cuisson : 10 à 15 minutes

- 5 œufs
- 280 g de fromage frais (type Philadelphia®)
- ½ citron (jus + zeste)
- 5 cl de lait
- 60 g de farine blanche
- 20 g de fécule de maïs
- 20 g de beurre
- 120 g de sucre semoule
- 1 pincée de sel

POUR SERVIR (FACULTATIF) :

- Fruits rouges
- Chantilly

Assurez-vous que tous les ingrédients soient à température ambiante et préchauffez le four à 180 °C (th. 6).

Découpez un cercle de papier cuisson et déposez-le au fond d'un moule à bord haut afin de faciliter le démoulage.

Dans un saladier, fouettez le fromage frais afin d'obtenir une texture homogène. Séparez le blanc des jaunes d'œufs. Incorporez un à un les jaunes d'œufs dans le saladier. Ajoutez la moitié du sucre. Fouettez énergiquement.

Dans une casserole, faites chauffer le lait et le beurre jusqu'à ce qu'il ait fondu. Versez ce mélange sur la préparation au fromage frais et fouettez. Ajoutez le jus et le zeste de citron. Mélangez. Tamisez la farine, la fécule et le sel. Ajoutez dans le saladier et mélangez.

Fouettez les blancs d'œufs à vitesse lente. Lorsqu'ils deviennent blancs, ajoutez la moitié du sucre restant. Augmentez la vitesse et incorporez le reste de sucre tout en continuant de fouetter ; arrêtez quand les blancs sont montés en neige ferme.

Boutique de cheesecake à Osaka

Recette
レシピ

Incorporez en 3 fois les œufs en neige dans le saladier. Versez cette préparation dans le moule. Déposez le moule dans un bain-marie et enfournez pour 15 minutes. Baissez la température du four à 150 °C (th. 5) et poursuivez la cuisson 55 minutes.

Arrêtez le four, mais laissez le cheesecake reposer 30 minutes four éteint. Sortez-le du four et laissez-le refroidir à température ambiante pendant 30 minutes. Mettez-le au réfrigérateur pendant au moins 2 heures.

Démoulez le cheesecake et servez-le éventuellement avec des fruits de saison et de la chantilly.

LE CONSEIL DE LAURE KIÉ

N'hésitez pas à préparer votre cheesecake la veille, il n'en sera que meilleur !

Au Japon, les cheesecake sont souvent vendus en portion individuelle dans les sous-sols des grand magasins.

Recette
レシピ

KAKIGORI かき氷

Cette glace pilée nappée de sirop est un incontournable des étés japonais chauds et humides. De nombreux stands dans les fêtes ou aux abords des temples proposent ces douceurs rafraîchissantes aux nombreux parfums.

Kakigori

Cette glace pilée arrosée de sirop ultra-coloré est un incontournable des matsuri. Contrairement à un simple granité, le kakigori est réalisé avec une machine qui râpe très finement un bloc de glace. Le résultat est donc aérien, avec une texture qui se rapproche de la neige !

L'USTENSILE : LA MACHINE À RÂPER LA GLACE

Indispensable à la réalisation des kakigori, cette machine à râper la glace permet d'obtenir une texture similaire à celle de la neige : légère et fondante en bouche. Au Japon, on trouve facilement des machines où les glaçons sont « rasés » en moulinant tout simplement à la main.

LES PARFUMS

La recette basique consiste en deux ingrédients : la glace « rasée » et le sirop. Mais il existe de nombreuses autres possibilités avec l'ajout de fruits frais, de haricots azuki, de dango (voir p. 46), de crème glacée ou encore de lait concentré sucré.

LES STANDS

Durant les matsuri, on trouve de nombreux stands de nourriture appelés « yatai », qui proposent entre autres ces kakigori ou une limonade appelée « ramune » (limonade). On reconnaîtra facilement ces stands à leur enseigne avec le caractère rouge « 氷 » signifiant « glace ».

Matsuri 祭り

Les matsuri sont des fêtes populaires ou des festivals, souvent liés à des célébrations shintoïstes, qui se déroulent un peu partout à Tokyo. Ils ont généralement lieu l'été ; on y vient en yukata (kimono d'été) pour s'amuser, goûter aux gourmandises proposées dans de nombreux stands ou s'émerveiller des magnifiques hanabi (feux d'artifice).

Matsuri au sanctuaire Hanazono, Shinjuku.

あま酒
抹茶
だんご
甘酒

PANNA COTTA AU SÉSAME NOIR パンナコッタ

Le sésame noir est très présent dans les pâtisseries. Que ce soit en glace, dans les mochi ou dans cette recette de panna cotta, ces petites graines apportent une intense saveur de noisette et une jolie couleur gris-noir.

POUR 4 PETITS POTS

Préparation : 10 minutes
Cuisson : 3 minutes
Repos : 1 heure

- 60 g de graines de sésame noir
- 3 cuillerées à soupe de purée de sésame noir
- ½ cuillerée à café d'agar-agar en poudre
- 20 cl de crème liquide
- 25 cl de lait
- 65 g de sucre semoule

Écrasez les graines de sésame dans un mortier.

Dans un bol, versez petit à petit la crème sur la purée de sésame noir tout en mélangeant pour obtenir une préparation homogène.

Dans une casserole, mélangez le lait, le sucre et l'agar-agar.

Faites chauffer à feu moyen tout en fouettant sans cesse. Faites bouillir pendant 15 secondes, incorporez les graines de sésame pilées, puis versez le mélange dans le bol. Mélangez et répartissez dans 4 pots. Laissez prendre au réfrigérateur pendant au moins 1 heure avant de déguster.

Recette
レシピ

TUILES AU SÉSAME ゴマツイル

Largement utilisé dans la cuisine japonaise en version sucrée ou salée, le sésame apporte une subtile saveur de noisette dans ces tuiles qui accompagneront parfaitement une glace, un thé vert ou un café.

POUR 12 TUILES

Préparation : 10 minutes
Cuisson : 10 minutes
Repos : 15 minutes

- 80 g de graines de sésame blond et noir
- Le blanc d'1 gros œuf (40 g environ)
- 40 g de farine
- 20 g de beurre
- 40 g de sucre semoule
- 1 pincée de sel

Préchauffez le four à 160 °C (th. 5-6).

Dans un saladier, fouettez le blanc d'œuf, le sucre et le sel pour obtenir un mélange mousseux.

Tamisez la farine. Faites fondre le beurre.

Ajoutez la farine et le beurre dans le saladier. Fouettez. Incorporez les graines de sésame.

Déposez 1 petite cuillerée à soupe du mélange au sésame sur une plaque recouverte de papier cuisson. Aplatissez à l'aide d'une fourchette afin d'obtenir un disque d'environ 8 cm de diamètre.

Enfournez pour 8 à 10 minutes.

À la sortie du four, débarrassez les tuiles sur une grille et laissez refroidir avant de déguster.

L'ASTUCE DE LAURE KIÉ

Ces tuiles se conservent très bien dans une boîte hermétique. Veillez à bien les laisser refroidir pour qu'elles deviennent croquantes avant de les mettre en boîte.

MOUSSE CHOCO TOFU チョコ豆腐ムース

Au Japon, le tofu est plutôt cuisiné dans des plats salés. Le tofu soyeux utilisé dans cette variante de mousse au chocolat, à la place de l'œuf, apporte une touche de légèreté et en fait un parfait dessert végan !

POUR 4 PERSONNES

Préparation : 5 minutes
Cuisson : 5 minutes
Repos : 5 heures

- 180 g de chocolat noir à pâtisser
- 300 g de tofu soyeux
- 3 cuillerées à soupe de sirop d'agave (en magasins bio)
- 3 cuillerées à soupe de kinako (en épiceries asiatiques, facultatif)
- Quelques groseilles (facultatif)

Égouttez le tofu dans une passoire pendant 10 minutes. Faites fondre le chocolat au bain-marie.

Hors du feu, ajoutez au chocolat fondu le sirop d'agave, la moitié du kinako et le tofu égoutté. Mixez au mixeur plongeant pendant quelques minutes afin d'obtenir un mélange mousseux.

Répartissez la préparation au chocolat dans 4 ramequins.

Réservez au réfrigérateur pendant 5 heures au minimum. Sortez les mousses du réfrigérateur 1 heure avant de déguster. Saupoudrez du reste de kinako et éventuellement de quelques fruits juste avant de servir.

L'ASTUCE DE LAURE KIÉ

Si vous ne trouvez pas de kinako, vous pouvez saupoudrer la mousse de poudre de matcha ou de noisettes torréfiées puis mixées.

LE KAKI 柿

Le kaki est le fruit du plaqueminier japonais. Ce fruit emblématique de l'automne apparaît dans le paysage des campagnes japonaises dès le mois d'octobre.

Le kaki, avec sa couleur orange, est devenu, au même titre que les feuilles rouges des érables, un des symboles de l'automne.

Il existe différentes variétés de kakis (astringents ou non astringents) dont voici les plus courantes :

• **Fuyugaki** (kaki d'hiver) **:** c'est de loin la variété la plus commune, un kaki non astringent qui se déguste comme une pomme. Moins sucrée mais plus ferme que les kakis que l'on connaît en France, il est plébiscité chez les Japonais pour sa douce saveur ;

• **Jirogaki :** cette variété non astringente se reconnaît facilement par sa forme plus aplatie mais surtout par ses quatre traits qui séparent le fruit en quatre parties rebondies ;

• **Hachiya :** une variété astringente qui est principalement utilisée pour être séchée. Mais on peut également les trouver frais sur les étals, après avoir subi un traitement chimique pour enlever leur astringence.

Kakis en train de sécher devant une maison japonaise.

HOSHIGAKI : LE KAKI SÉCHÉ

Une des douceurs très appréciées des Japonais est le kaki séché. Le plaqueminier étant extrêmement généreux en fruits, le séchage des kakis a été mis au point afin de pouvoir les conserver durant toute la saison d'hiver.

Cette méthode de séchage a été importée de Chine, mais les Japonais ont développé leur propre technique. Ce sont principalement les kakis astringents qui sont utilisés pour réaliser les hoshigaki. Voici les étapes à suivre :

1. Cueillez les fruits à quasi maturité (mais encore bien fermes pour qu'ils se tiennent).
2. Épluchez-les.
3. Ficelez un par un les fruits en passant la ficelle sur la tige au niveau du pédoncule pour obtenir une guirlande.
4. Suspendez la guirlande de fruits (en faisant bien attention que les kakis ne se touchent pas) dans un endroit aéré et ensoleillé, à l'abri de la pluie.
5. Laissez sécher de 3 semaines à 2 mois selon la variété et le résultat plus ou moins moelleux qui est recherché.

Les kakis séchés se dégustent avec le thé.

LES AGRUMES 柑橘類

D'un petit zeste pour une touche de fraîcheur dans un bouillon à l'indispensable sauce ponzu, les agrumes ont toute leur place dans la cuisine japonaise. Petit tour d'horizon de cette foisonnante diversité.

Yuzu ゆず

Cet agrume star de la cuisine japonaise, issu d'un croisement entre le citron et la mandarine et au parfum incroyable, a conquis les chefs du monde entier qui utilisent autant son zeste que son jus.
Saison : novembre à décembre

Sudachi すだち

Spécialité de Tokushima, ce petit citron vert au goût délicat est souvent servi avec des sashimi, des poissons grillés ou des nouilles udon.
Saison : septembre à novembre

Kabosu かぼす

Moins acide que le sudachi et le citron, il est aussi légèrement plus amer. Idéal avec le poisson, les nouilles froides ou dans la sauce ponzu.
Saison : septembre à novembre

Daidai 橙

Cette orange amère peut rester sur l'arbre plusieurs années, d'où son nom qui signifie « de génération en génération ».
Saison : novembre à janvier

Mikan みかん

Cette mandarine qui ressemble à s'y méprendre à une clémentine est l'un des fruits les plus consommés au Japon.
Saison : septembre à mars

Kinkan 金柑

Connu en France sous le nom de « kumquat », ce petit agrume au zeste sucré se déguste en une bouchée.
Saison : novembre à février

Dekopon デコポン

Croisement de la mandarine, du pomelo et de l'orange, cet agrume sucré se déguste principalement en dessert.
Saison : mars-avril

Buntan ブンタン

Ce pomelo a une chair juteuse et très sucrée. Il se déguste tel quel ou dans une salade.
Saison : janvier-avril

La folie du yuzu

Même s'il vient principalement de la préfecture de Kochi sur l'île de Shikoku qui concentre plus de 50 % de sa production, le yuzu est utilisé dans de nombreuses préparations culinaires : dans la sauce ponzu mais également dans des bouillons (son zeste), il peut être utilisé pour parfumer une cuisson à la vapeur et il est de plus en plus plébiscité dans les préparations sucrées. En boisson, on le retrouve dans le yuzu hachimitsu, un sirop dégusté en été mais également en alcool : le yuzu shu, le limoncello japonais !

TARTELETTE D'HOKKAIDO

ベイクチーズタルト

L'île d'Hokkaïdo, au nord du Japon, étant réputée pour ses produits laitiers, elle a fait de cette tartelette au fromage une de ses spécialités pâtissières. Le contraste entre le croustillant de la pâte et l'onctuosité de la crème au fromage légèrement coulante en fait un dessert gourmand à déguster tiède, froid ou même congelé pour une texture proche de la glace !

POUR 4 PERSONNES

Préparation : 25 minutes
Repos : 1 h 20
Cuisson : 10 à 15 minutes

POUR LA PÂTE SABLÉE :

- 120 g de farine
- 1 jaune d'œuf
- 60 g de beurre à température ambiante
- 2 cuillerées à soupe de sucre semoule
- 1 pincée de sel

POUR LA CRÈME SUCRÉE AU FROMAGE :

- 120 g de fromage frais (type Philadelphia®)
- 80 g de mascarpone
- 30 g de parmesan râpé
- 1 œuf
- 5 cl de lait
- 60 g de sucre semoule
- 25 g de beurre à température ambiante
- Jus et zeste d'1 yuzu (ou citron)

POUR LA CUISSON :

- 10 g de beurre (pour les moules)
- 1 jaune d'œuf (pour dorer au gril)

Préparez la pâte sablée. Dans un saladier, mélangez la farine, le sucre et le sel. Coupez le beurre en dés. Incorporez-les au mélange en vous aidant d'une spatule. Ajoutez le jaune d'œuf. Mélangez et formez une boule. Enveloppez-la d'un film alimentaire. Réservez au réfrigérateur pendant 20 minutes.

Sortez la pâte du réfrigérateur. Roulez-la à l'aide de vos doigts pour obtenir un long boudin. Coupez le boudin de pâte en dix. Beurrez des moules à tartelettes et déposez-y les morceaux de pâte sablée. À l'aide de vos doigts, étalez le bout de pâte en remontant bien sur les côtés pour obtenir un fond de tarte homogène. Laissez reposer 1 heure au réfrigérateur.

Pendant ce temps, préparez la crème sucrée au fromage. Dans un saladier, battez l'œuf et le sucre jusqu'à ce que le mélange blanchisse.

Dans une casserole, mélangez le reste des ingrédients de la crème au fromage. Faites chauffer à feu doux en remuant sans cesse. Lorsque le mélange devient homogène, incorporez l'œuf blanchi. Remettez sur feu doux en remuant sans cesse. Retirez du feu lorsque le mélange épaissit. Débarrassez dans un bol, filmez au contact et laissez refroidir la crème.

Préchauffez le four à 180 °C (th. 6). Sortez les tartelettes du réfrigérateur, piquez les fonds de tartes avec une fourchette et enfournez pour environ 15 minutes de cuisson (selon l'épaisseur de votre pâte). Lorsque les fonds de tartes sont bien dorés, sortez-les du four et laissez-les refroidir puis démoulez-les.

Répartissez la crème sur les fonds de tartes refroidis, badigeonnez de jaune d'œuf ; puis passez-les 3 minutes sous le gril du four afin d'avoir une belle surface dorée.

GELÉE DE YUZU 柚子ジェリー

Les desserts gélifiés au kanten (agar-agar) sont surtout servis en été au Japon pour se rafraîchir. Dans cette recette, tout est question de dosage pour avoir la texture parfaite : une gelée qui reste souple et qui fond dans la bouche.

POUR 4 PERSONNES

Préparation : 15 minutes
Cuisson : 3 minutes
Repos 2 h 30

- 2 kiwis
- 1 poignée de physalis (ou de kumquats)
- 2 cuillerées à soupe de jus de yuzu (ou de jus de clémentine et de citron mélangés)
- 1 g (½ cuillerée à café) d'agar-agar
- 20 cl d'eau
- 100 g de sucre semoule

Pelez les kiwis et les physalis, puis coupez-les en petits dés.

Dans une casserole, mélangez l'eau, l'agar-agar et le sucre. Portez à ébullition en fouettant sans cesse. Dès que le sucre est dissous, retirez du feu. Laissez hors du feu pendant 5 minutes. Ajoutez le jus de yuzu et mélangez.

Répartissez les dés de kiwis et de physalis dans des petits ramequins. Versez le mélange au yuzu.

Laissez refroidir à température ambiante, puis placez au réfrigérateur pendant au moins 2 heures avant de déguster.

L'ASTUCE DE LAURE KIÉ

Cette recette peut se préparer la veille ou même 2 jours à l'avance. Vous pouvez évidemment varier les fruits en fonction des saisons.

くるみ味噌味
シンプルに…
しょうゆ味
50円

LE THÉ 茶

Véritable institution au Japon, o-cha, le thé vert, est une boisson du quotidien à la fois stimulante et relaxante. Reconnue pour ses effets positifs sur la santé, le thé japonais, à travers plusieurs siècles de culture, a développé une subtilité propre à cette riche tradition.

ORIGINE ET SPÉCIFICITÉS

Le thé, sous la forme de poudre de thé matcha, fut introduit au Japon au IXe siècle par un moine bouddhiste venu de Chine. Mais ce n'est qu'à partir du XVIe siècle que la feuille de thé (moins chère et plus pratique) fut vraiment importée de Chine. Cultivé ensuite sur l'archipel, le thé vert devint rapidement populaire et prit une forme très « japonaise ». Les régions les plus réputées aujourd'hui pour le thé vert sont celles de Kyoto (Uji), Shizuoka ou encore Kyushu.

« Cha »

Le terme « thé » en japonais se dit « cha », ce nom indiquant principalement le thé vert, le seul produit au Japon. Le thé noir qui se dit « kocha » est un thé importé.

LES PRINCIPAUX THÉS JAPONAIS ET LEUR PRÉPARATION

Sencha

Le plus connu et le plus commun (deux tiers de la production japonaise). Il y a plusieurs récoltes par an. Les deux premières sont généralement de meilleure qualité. Son goût est très varié suivant sa provenance. L'infusion est généralement de couleur jaune-vert clair. Plus les feuilles enroulées sont foncées et élancées, plus le thé sera normalement de qualité.

PRÉPARATION

Quantité de thé : 1 c. à s. par pers./tasse (2 à 3 g) dans une théière de type « Kyusu ».
Eau : 90 ml d'eau/pers. entre 70 °C et 80 °C.
Temps d'infusion : entre 30 et 60 secondes.
Pour les infusions suivantes, on peut ajouter 10 °C à la température de l'eau et verser le thé après une dizaine de secondes seulement.

Gyokuro

Son nom signifie la « perle de rosée », c'est un thé généralement de très grande qualité. Ses feuilles issues de la première récolte sont protégées du soleil durant une vingtaine de jours. Son infusion est faite à une température peu élevée (vers 60 °C). Elle procure une saveur douce, fraîche, très riche en umami et son aspect est vert lumineux.

PRÉPARATION

Quantité de thé : 2 c. à s. (6 g minimum) dans une théière de type « Kyusu ».
Eau : 200 ml d'eau à 60 °C.
Temps d'infusion : entre 1 et 2 minutes.

Matcha

C'est de la poudre de thé utilisée pour la fameuse cérémonie du thé. C'est normalement un thé de grande qualité (souvent du tencha issu de plantations couvertes) provenant de feuilles de première récolte qui sont ensuite séchées et écrasées en poudre. Pour les matcha de bonne qualité, le goût est plus doux qu'amer.

PRÉPARATION

Quantité de thé : 1 c. à s. (2 g) dans un bol.
Eau : 60 ml d'eau à 80 °C.
Temps d'infusion : fouettez vigoureusement pendant au moins 15 secondes. Le thé doit mousser en surface.

Kukicha

Ce sont les tiges et brindilles du thé qui sont utilisées et parfois mélangées à une petite quantité de feuilles. Les thés kukicha de bonne qualité sont connus au Japon pour leurs vertus médicinales car ils sont sources de minéraux et d'oligoéléments.

PRÉPARATION

Quantité de thé : 2 c. à s. (4 g minimum).
Eau : 200 ml d'eau à 90 °C .
Temps d'infusion : 60 secondes.

Bancha

Thé de qualité inférieure. Ce thé est fabriqué à partir des feuilles mûres de sencha issues de la dernière récolte. Il a généralement une odeur de paille. Apprécié lorsqu'il fait chaud, sa faible concentration en théine permet de le donner parfois aux enfants au Japon.

Bancha type Hojicha

Les feuilles sont grillées à 200 °C puis refroidies. Cela leur confère un aspect brun. L'infusion donne une couleur sombre marron dont le goût torréfié est parfois boisé. Très faible en caféine et théine, il est souvent servi dans des restaurants, le soir ou aux enfants.

PRÉPARATION

Quantité de thé : 4 c. à s.
Eau : 200 ml d'eau à 100 °C.
Temps d'infusion : 30 secondes.

Bancha type genmaicha

Un thé mélangé avec des grains de riz brun soufflés (comme des petits pop-corn). De qualité très variable, sa saveur originale, douce et ressemblant parfois à la noisette, est unique. C'est une boisson souvent appréciée par les étrangers et servie fréquemment dans les restaurants.

PRÉPARATION

Quantité de thé : 2 c. à s. (4 g minimum).
Eau : 200 ml d'eau à 100 °C.
Temps d'infusion : 30 secondes.

Tous les thés proviennent de la même plante, le théier (*Camellia sinensis*), mais, contrairement au thé noir, le thé vert n'est pas fermenté. En effet, au Japon, l'oxydation naturelle des feuilles avec l'air est interrompue par un processus de torréfaction à la vapeur d'eau.

L'ART DU THÉ

Chaque type de thé a son propre mode d'infusion ; une préparation inadéquate peut totalement annihiler la subtilité du goût.

L'INFUSION

Un mauvais dosage, une température trop haute ou trop basse, parfois à 10 °C près, ou encore une infusion trop longue de quelques secondes peuvent largement altérer le goût d'un thé japonais.

La façon traditionnelle de préparer un thé japonais est parfois indiquée sur le paquet lui-même. Pour autant, s'il y a des recommandations générales, il n'y a pas de règles absolues, chacun pouvant les faire varier selon ses préférences. En fonction des critères cités précédemment, un même thé sencha peut avoir plusieurs saveurs très différentes. Ainsi, une température plus élevée et une infusion plus longue rendront le thé plus amer et plus fort en goût. En revanche, une infusion à basse température donnera une saveur plus douce et sucrée. Plus la température est élevée, plus l'infusion pourra être rapide.

LES THÉIÈRES JAPONAISES

Kyusu est le nom de la théière traditionnelle japonaise utilisée pour les sencha et gyokuro principalement. Elle est, dans la plupart des cas, faite en argile. Elle possède un filtre intégré qui évite d'utiliser des sachets ou des filtres qui limiteraient l'expression du thé tout en laissant passer des petites quantités de thé dans la tasse, ce qui améliore le goût et est bon pour la santé. La théière kyusu a généralement une poignée latérale, mais elle peut aussi être dorsale, permettant de manipuler la théière avec beaucoup d'agilité et de facilité. Ses autres caractéristiques sont sa forme et la grande taille de l'ouverture au sommet pour mettre et enlever les feuilles de thé facilement.

Il existe aussi des théières de type dobin qui sont en porcelaine le plus souvent, mais parfois en argile. La poignée, généralement en bambou, est attachée par de petits crochets. Ces théières sont utilisées plus classiquement pour les autres types de thés ou les sencha de moins bonne qualité.

À noter que les habituelles théières en fonte japonaises utilisées en Occident sont le plus souvent des bouilloires au Japon. Les vraies théières en fonte (kyusu tetsubin) sont émaillées à l'intérieur pour éviter la rouille alors que les bouilloires en fonte (tetsubin) ne le sont pas.

Tasse traditionnelle

Kyusu

Dobin

Kyusu tetsubin

LES THÉS VERTS FROIDS

Il est aussi possible, notamment durant l'été, de préparer des thés froids. Cette méthode permet de fournir une boisson désaltérante et aussi de diminuer l'amertume de certains thés.

PRÉPARATION

Quantité de thé : 2 c. à s. (6 g).

Eau : 200 ml d'eau à 10 °C que l'on peut rafraîchir avec des glaçons.

Temps d'infusion : 15 minutes minimum.

LE MUGICHA est une boisson très populaire au Japon qui se boit surtout l'été lors de fortes chaleurs. Malgré son nom (*cha* signifiant « thé »), ce n'est pas à proprement parler un thé mais une infusion d'orge (mugi) torréfié.

PRÉPARATION

Quantité : 1 sachet.

Eau : 1 litre d'eau à température ambiante.

Temps d'infusion : 4 heures minimum.

Les points importants qui influent sur la qualité de l'infusion :

- La quantité de thé
- La qualité de l'eau
- La quantité d'eau
- La température de l'eau
- Le temps d'infusion

茶

LES CONSEILS POUR BIEN RÉUSSIR SON THÉ

OPTIMISER LES INFUSIONS

Pour faire plusieurs infusions successives, il faut bien verser la dernière goutte de l'infusion précédente de façon que le thé ne trempe pas dans l'eau en attendant l'eau chaude suivante.

Il faut aussi éviter de trop agiter la théière en versant. Mais avant de verser l'eau pour une nouvelle infusion, il faut toutefois la secouer légèrement pour remettre le thé de manière homogène au fond de la théière.

Le thé peut généralement s'infuser deux, trois voire quatre fois s'il est de bonne qualité. Il est cependant important qu'il ne refroidisse pas entre deux infusions (10 minutes maximum). On peut augmenter la température de l'eau de 10 °C pour chaque infusion supplémentaire.

VERSER ÉQUITABLEMENT

Versez le thé en alternant d'une tasse à l'autre pour homogénéiser la concentration. Il faut vraiment verser jusqu'à la dernière goutte.

QUALITÉ DE L'EAU

Il faut une eau équilibrée et pas trop calcaire pour préparer un bon thé. Si votre eau du robinet est trop calcaire ou, pire, chlorée, il vaut mieux la filtrer ou même la faire bouillir pendant plusieurs minutes avant de l'utiliser pour le thé. Toutefois, si l'eau est de bonne qualité, il est souvent conseillé de ne pas la faire bouillir, car elle perdrait de l'oxygène et rendrait le thé plus fade. Certaines eaux de source ou minérales, mais à de faibles taux de minéraux, peuvent très bien convenir.

CONSERVATION DU THÉ

Le thé japonais supporte mal l'humidité, la chaleur, la lumière et le contact avec l'air. Il faut donc bien penser à expulser l'air du paquet lorsqu'on le referme, puis à le conserver, à l'abri, dans un endroit sec, sombre et tempéré. Consommez-le dans les 3 mois maximum une fois que le paquet est ouvert. N'enfermez pas les feuilles de thé

L'idéal pour les sencha et les gyokuro est de posséder une théière spécifique dans sa forme qui s'appelle « kyusu ». Si d'autres théières peuvent faire l'affaire, il est cependant capital de ne pas emprisonner les feuilles de thé dans un récipient ou un sachet. La feuille de thé vert a besoin de se déployer pour exprimer sa saveur, et la mettre dans une boule compactée avec les autres feuilles l'en empêche.

UNE PETITE THÉIÈRE

Le volume de la théière est aussi important pour une bonne infusion. Le thé japonais se fait généralement en petites quantités pour 3 ou 4 convives maximum. Mieux vaut répéter l'opération que de vouloir trop en faire en une fois. Il ne faut généralement pas dépasser ½ litre d'eau par infusion, sinon le goût se dilue.

COMMENT CONNAÎTRE LA TEMPÉRATURE SANS THERMOMÈTRE ?

Lorsque l'on fait bouillir l'eau, verser l'eau dans une tasse réduit la température de 10 °C environ. Si l'on démarre à 100 °C, pour obtenir 80 °C, il suffit de verser l'eau une première fois dans une tasse, puis la tasse dans la théière ; pour 70 °C, on verse dans 2 tasses, etc.

RÉCHAUFFER LES RÉCIPIENTS

Il peut être utile de réchauffer les tasses et la théière en versant de l'eau chaude à vide. Cela prépare « l'accueil » du thé.

LA CÉRÉMONIE DU THÉ 茶道

La cérémonie du thé japonaise est un art traditionnel. C'est Sen Rikyu qui, au XVIe siècle, transforma la cérémonie du thé en un véritable art, appelé « chado ». La cérémonie est généralement donnée dans une pièce en tatami spécifique ; les convives (au maximum cinq) sont assis en seiza (à genoux sur leurs talons). La cérémonie peut durer plusieurs heures, souvent en silence.

La cérémonie du thé est une forme de méditation et de partage exprimant les 4 grands principes suivants :

« Wa », l'harmonie

« Sei », la pureté

« Kei », le respect

« Jaku », la tranquillité

1

On transfère la poudre de thé de la boîte, le natsume, vers le bol, le chawan, à l'aide d'une cuillère spéciale, le chashaku.

2

On verse l'eau chaude du pot, le kama, vers le bol, en utilisant une longue louche en bambou, l'hishaku.

3

On mélange avec un petit fouet en bambou, le chasen, qui permet des gestes rapides et précis.

4

Le thé est prêt, il se présente avec une belle texture verte un peu mousseuse. Le bol est ainsi présenté à l'invité d'honneur.

5

Ce dernier reçoit le bol dans la main droite et le place sur la paume de la main gauche.
Il tourne le bol dans la main gauche à l'aide de la main droite, deux ou trois fois dans le sens des aiguilles d'une montre.

6

Il le boit alors en deux gorgées et demie, en aspirant bien la dernière goutte avant de poser le bol en face de lui.

La meilleure façon de servir le thé

Au Japon, un des plus célèbres maîtres de thé fut accueilli avec deux de ses disciples par un paysan dans sa ferme. Ce dernier leur servit le thé ; il était très impressionné.

Après leur départ, les deux disciples se moquèrent gentiment de sa façon malhabile de servir. Mais le maître, lui, resta silencieux et perplexe. Quelque temps après, il dit à haute voix : « Quelle façon parfaite de servir le thé. »

Les disciples pensèrent qu'il s'agissait d'humour et se moquèrent de nouveau des gestes maladroits du fermier. Le maître les regarda avec fermeté et ils comprirent alors qu'il n'avait pas envie de rire. Il leur dit : « Peut-être que les gestes étaient maladroits, mais il a servi avec un cœur entier. Voilà la façon parfaite de servir le thé ! »

Wabi-sabi

« Wabi-sabi » est une expression japonaise désignant un concept esthétique ou spirituel, dérivé des principes de la cérémonie du thé et du bouddhisme zen.

Intraduisible en français, « wabi » signifie en quelque sorte la tranquille simplicité, la beauté naturelle, tandis que « sabi » concerne plus l'aspect du temps qui patine et donne du caractère aux objets.

L'état d'esprit wabi-sabi s'applique à voir la beauté de l'imperfection naturelle des choses modestes et simples.

Ce concept est aujourd'hui fréquemment utilisé dans la décoration intérieure pour mettre en avant un style épuré, simple et naturel.

Pièce en tatami du temple Koto-in à Kyoto fondé en 1601 par le célèbre maître de thé Hosokawa Tadaoki dans le pur style wabi.

« Pour ceux qui attendent seulement les fleurs, montre-leur l'herbe du printemps qui émerge de la neige dans les villages de montagne. »

Poème de Fujiwara no Ietaka qui illustre à merveille l'esprit du wabi.

MATCHA LATTE 抹茶ラテ

Tout comme le café latte, la version au matcha s'est répandue dans toutes les cartes des cafés et salons de thé nippons.

POUR 1 TASSE

Préparation : 5 minutes
Cuisson : 2 minutes

- 1 cuillerée à café de thé matcha
- 1½ cuillerée à soupe de sucre
- 3 cuillerées à soupe d'eau chaude
- 25 cl de lait chaud

Dans une tasse, mélangez le matcha (que vous aurez préalablement passé au tamis), le sucre et l'eau chaude.

Ajoutez la moitié du lait. Fouettez au mousseur à lait.

Fouettez également le lait restant au mousseur afin d'obtenir une belle mousse que vous déposerez sur la tasse.

L'ASTUCE DE LAURE KIÉ

Pour une meilleure conservation de sa couleur et de son goût, gardez votre poudre de matcha au congélateur !

Si vous vous sentez l'âme artiste, vous pouvez vous amuser à faire du « matcha latte art ». Cela revient à déposer la mousse en formant des dessins, le plus facile étant le cœur.

Pour cela, procédez en 3 étapes :

1. Suivez les instructions du premier paragraphe de la recette ci-dessus.
2. Dans une petite carafe ayant un bec verseur, faites mousser le lait au mousseur électrique.
3. Penchez votre tasse et remplissez de lait à mi-hauteur en réalisant des cercles.
4. Vérifiez qu'il ne vous reste plus que la mousse du lait, approchez le bec verseur et déposez la mousse en plusieurs fois, par à-coups.

Recette
レシピ

お抹茶
水谷茶屋

水谷茶屋
新薬師寺
SHINYAKUSHIJI TEMPLE
0.9km
春日大社
KASUGA TAISHA SHRINE
0.2km
春日山遊歩道
0.2km
鶯の滝
4.5km
UGUISUNOTAKI FALL

LES BONNES ADRESSES À TOKYO 東京

Tokyo regorge de lieux où déguster des pâtisseries. Que ce soit dans une maison de thé au cœur d'un jardin japonais ou dans un salon de thé des quartiers modernes, voici quelques-unes des adresses que j'affectionne particulièrement.

1

2

1 **Koshikawa Korakuen :** pour déguster un matcha dans un jardin traditionnel (voir p. 75).

2 **Shinjuku Gyoen :** le parc à visiter pour déguster des pâtisseries sous les cerisiers en fleur.

3 **Kosoan à Jiyugaoka :** un charmant salon de thé dans une vieille maison japonaise où déguster un matcha latte (voir p. 134) accompagné d'un cheesecake (voir p.104).

4 **Mizuho à Meiji-Jingumae :** un magasin spécialisé dans les daifuku (voir p. 30).

5 **The Matcha Tokyo à Omotesando :** vous trouverez le matcha sous toutes ses formes dans ce salon de thé !

6 **Urasando garden à Omotesando :** si vous souhaitez goûter aux fluffy pancake aériens (voir p. 78), c'est l'adresse qu'il vous faut !

7 **Hiiragi à Ebisu :** le lieu idéal pour s'offrir un taï-yaki bien croustillant.

7

6

12

16

17

8 Fukusaya à Meguro : fraîcheur garantie pour ces castella (voir p. 102) tout droit sortis de la fabrique attenante.

9 Habutae Dango à Nishi Nipori : pour se délecter de dango (voir p. 46), ces boulettes de mochi en brochettes.

10 Himitsudo à Nippori : en été, il faudra faire la queue pour apprécier la fraîcheur de leur kakigori (voir p. 108).

11 Tourindou à Yanaka : une charmante pâtisserie avec de très jolis wagashi (voir p. 51).

12 Usagiya à Ueno : la boutique référence où serait né le dorayaki (voir p. 58).

13 Toraya à Asakusa : cette boutique-salon de thé spécialisée dans les wagashi (voir p. 51) est le fournisseur officiel de la cour impériale.

14 Hokusai Sabo à Kinshicho : une grande variété des gâteaux traditionnels japonais vous est proposée dans ce salon de thé, dont le warabimochi (voir p. 70).

15 Kimuraya à Ginza : la boulangerie traditionnelle dans laquelle est né l'an-pan (voir p. 98), une viennoiserie devenue un classique au Japon.

16 Ginza Wakamatsu à Ginza : cette petite pâtisserie datant de 1894 sert l'an-mitsu, un dessert à base de pâte de haricots rouges sucrée et de gelée à l'agar-agar.

17 Toko-an dans l'Imperial Hotel à Hibiya : pour une expérience authentique de la cérémonie du thé (voir p. 132).

18 Ippodou à Hibya : une des branches tokyoïtes de la célèbre maison de thé de Kyoto.

19 Kotobukido à Ningyocho : une petite boutique traditionnelle qui m'a surtout attirée par l'odeur de son sakura mochi (voir p. 40).

20 Hama-Rikyu à Shiodome : au milieu d'un grand jardin, un pavillon de thé où vous pourrez déguster un excellent thé matcha (voir p. 75) sur la grande terrasse en bois.

20

LES BONNES ADRESSES

おすすめの店

LES ÉPICERIES JAPONAISES

Kioko

L'épicerie japonaise historique de Paris, qui a également un site de vente en ligne.

46, rue des Petits-Champs 75002 Paris

www.kioko.fr

Workshop Issé

Une épicerie haut de gamme pour dénicher des produits pointus.

11, rue Saint-Augustin 75002 Paris

www.workshop-isse.fr

Satsuki

Cette sympathique boutique lyonnaise offre un service de vente en ligne d'épicerie japonaise et de vaisselle avec un très large choix.

37, avenue Lacassagne 69003 Lyon

www.satsuki.fr

Nishikidori

Des produits de grande qualité provenant des meilleurs artisans japonais sont sélectionnés et proposés dans leur boutique parisienne ou en ligne sur leur site internet.

6, rue Villedo 75001 Paris

www.nishikidori.com

LES PÂTISSERIES JAPONAISES

Tomo

Une boutique-salon de thé spécialisée dans les dorayaki.

11, rue Chabanais 75002 Paris

patisserietomo.fr

Toraya

La branche parisienne de l'institution japonaise des wagashi.

10, rue Saint-Florentin 75001 Paris

www.toraya-group.co.jp/toraya-paris

Aki

Une boulangerie-patisserie qui propose de délicieux mochi-cream.

16, rue Sainte-Anne 75001 Paris

akiparis.fr

La maison du Mochi

Un site totalement dédiée aux mochi qui a également 3 boutiques à Paris.

www.maisondumochi.fr

LA VAISSELLE ET LES USTENSILES

Bento&co

Un très joli site de vente en ligne de boîtes à bento et d'accessoires créé par un Français vivant à Kyoto.

www.bentoandco.com

Kimonoya

Une boutique traditionnelle d'artisanat et de vaisselle.

11, rue du Pont-Louis-Philippe 75004 Paris

Tél. : 01 48 87 30 24

www.kimonoya.fr

Les halles du Japon

Un étage entier de cette épicerie est dédié à la vaisselle et aux accessoires.

4, rue Pasteur 69007 Lyon

les-halles-du-japon.fr

Atelier Doma

La boutique-atelier spécialisée dans l'affûtage et la vente de couteaux japonais de grande qualité.

17, avenue Ledru-Rollin 75012 Paris

Tél. : 01 43 44 47 25

www.affutagecouteaux.com

Textes, recettes et stylismes : Laure Kié
Illustrations : Haruna Kishi sauf p. 28 (en bas à droite), 109 (en haut) : Shutterstock
Photos : Patrice Hauser sauf p. 6, 128, 131, 133 : Cyril Castaing, p. 21 : Laure Kié,
p. 34 (portrait Mathilda Motte) : Nicolas Lobbestaël, p. 34, 35 : Mathilda Motte (sauf portrait),
p. 36, 53, 79, : Aline Princet, p. 29, 58, 59, 63, 72, 73, 74, 75, 85, 88, 96, 97, 100, 104, 106, 120, 121,
134, 136, 140, 141 : Shutterstock, p. 10, 11, 27, 90, 91 (bas), 110, 111 : Unsplash,
p. 26, 72 (haut), 91 (haut), 126, 127 : iStock

Direction : Guillaume Pô
Direction éditoriale : Tatiana Delesalle
Édition : Aurélie Cazenave assistée d'Emeline Plessier
Direction artistique : Chloé Eve
Mise en page : Studio Blick
Direction de fabrication : Thierry Dubus
Suivi de fabrication : Audrey Bord

Numéro d'édition : 23L007
ISBN : 9782317029004
Code MDS : MN29004
Achevé d'imprimer en décembre 2022
par GPS Group, Slovénie

MIXTE
Papier | Pour une gestion forestière responsable
FSC® C118234

Ce livre s'inscrit dans une démarche écoresponsable. Il est imprimé sur du papier FSC® issu de forêts gérées durablement. Cette certification garantit une empreinte carbone réduite et une gestion raisonnée de la forêt, qui maintient la biodiversité et protège les écosystèmes. Il est imprimé avec des encres végétales, c'est-à-dire fabriquées uniquement à partir de matières premières renouvelables et sans huiles minérales. Il a été imaginé et conçu en France, et imprimé en Europe.

Dépôt légal : septembre 2022
www.mangoeditions.com